O SEGREDO DA FLOR DE OURO

UM VAJRA-MANDALA LAMAICO
A contemplação deste quadro serve de preparação para a meditação.

C.G. JUNG | R. WILHELM

O SEGREDO DA FLOR DE OURO

UM LIVRO DE VIDA CHINÊS

TRADUÇÃO DE
Dora Ferreira da Silva e Maria Luíza Appy

Petrópolis

©1971, Walter-Verlag, AG, Olten
Holzgasse 6, CH-8030 – Zurich

Tradução do original em alemão intitulado
Geheimnis der Goldenen: Bluete

Direitos exclusivos de publicação em língua
portuguesa:
1983, Editora Vozes Ltda.
Rua Frei Luís, 100
25689-900 Petrópolis, RJ
www.vozes.com.br
Brasil

Todos os direitos reservados. Nenhuma parte desta obra poderá ser reproduzida ou transmitida por qualquer forma e/ou quaisquer meios (eletrônico ou mecânico, incluindo fotocópia e gravação) ou arquivada em qualquer sistema ou banco de dados sem permissão escrita da editora.

Conselho editorial

Diretor
Volney J. Berkenbrock

Editores
Aline dos Santos Carneiro
Edrian Josué Pasini
Marilac Loraine Oleniki
Welder Lancieri Marchini

Conselheiros
Elói Dionísio Piva
Francisco Morás
Teobaldo Heidemann
Thiago Alexandre Hayakawa

Secretário executivo
Leonardo A.R.T. dos Santos

Produção editorial

Anna Catharina Miranda
Eric Parrot
Jailson Scota
Marcelo Telles
Mirela de Oliveira
Natália França
Otaviano M. Cunha
Priscilla A.F. Alves
Rafael de Oliveira
Samuel Rezende
Verônica M. Guedes

Diagramação: Sheilandre Desenv. Gráfico
Revisão gráfica: Andréa Drummond
Capa: Renan Rivero

ISBN 978-85-326-0382-1 (Brasil)
ISBN 3-7205-2653-4 (Suíça)

Dados Internacionais de Catalogação na Publicação (CIP)
(Câmara Brasileira do Livro, SP, Brasil)

Jung, Carl Gustav, 1875-1961.
 O segredo da flor de ouro : um livro de vida chinês / C.G. Jung. R. Wilhelm ; tradução de Dora Ferreira da Silva e Maria Luíza Appy. 15. ed. Petrópolis, RJ : Vozes, 2021.
 Título original: Geheimnis der goldenen Bluete

 13ª reimpressão, 2025.

 ISBN 978-85-326-0382-1
 1. China-Religião 2. Taoismo I. Wilhelm, Richard, 1873-1939. II. Título

07-8373   CDD-299.51

Índices para catálogo sistemático:
1. Religiões de origem chinesa   299.51

Este livro foi composto e impresso pela Editora Vozes Ltda.

Sumário

Prefácio à segunda edição, 7

Em memória de Richard Wilhelm, 11

COMENTÁRIO EUROPEU DE C.G. JUNG, 23

  1 Introdução, 25

    A. Por que é difícil para o ocidental compreender o Oriente, 25

    B. A psicologia moderna abre uma possibilidade de compreensão, 30

  2 Os conceitos fundamentais, 39

    A. Tao, 39

    B. O movimento circular e o centro, 41

  3 Os fenômenos do caminho, 50

    A. A dissolução da consciência, 50

    B. *Animus* e *anima*, 57

  4 A consciência desprende-se do objeto, 63

  5 A realização (plenificação), 69

  6 Conclusão, 76

Exemplos de mandalas europeus, 78

TEXTO E COMENTÁRIOS DE RICHARD WILHELM, 89

Prefácio à quinta edição, 91

Origem e conteúdo do Tai I Gin Hua Dsung Dschi, 93

  I Proveniência do livro, 93

  II Os pressupostos psicológicos e cosmológicos da obra, 100

Tai I Gin Hua Dsung Dschi. O segredo da flor de ouro, 107
    I A consciência celeste (coração), 107
    II O espírito originário e o espírito consciente, 110
    III Movimento circular da luz e preservação do centro, 117
    IV Movimento circular da luz e modo de ritmar a respiração, 125
    V Equívocos durante o processo do movimento circular da luz, 132
    VI As vivências confirmadoras no processo do movimento circular da luz, 134
    VII O caráter vivo do movimento circular da luz, 138
    VIII Fórmulas mágicas para viajar à distância, 140

Hui Ming Ging o livro da consciência e da vida, 151
    I Como deter as efluxões, 151
    II As seis fases do movimento circular da luz segundo o código, 153
    III As duas linhas de força da função e do controle, 155
    IV O embrião do Tao, 156
    V O nascimento do fruto, 157
    VI Como formar o corpo transmudado, 158
    VII O rosto voltado para a parede, 158
    VIII A infinitude vazia, 159

Prefácio à segunda edição

Meu falecido amigo Richard Wilhelm, coautor deste livro, enviou-me o texto de *O segredo da flor de ouro* num momento problemático para meu próprio trabalho. Foi no ano de 1928. Desde 1913 eu me ocupava com os problemas do inconsciente coletivo, e chegara a resultados que me pareciam questionáveis sob vários aspectos. Tais resultados não só exorbitavam tudo o que era conhecido no campo da psicologia "acadêmica", como também ultrapassavam os limites da psicologia médica personalista. Tratava-se de uma vasta fenomenologia, à qual não se podia aplicar as categorias e os métodos até então conhecidos. Os resultados a que chegara, baseados em quinze anos de esforços, pareciam flutuar, sem qualquer possibilidade de confronto. Nenhum campo da experiência humana poderia proporcionar algum apoio ou segurança aos resultados obtidos. As únicas analogias, muito remotas, que pude estabelecer, encontrei-as dispersas nos relatos dos heresiólogos. Essa relação não facilitou de forma alguma a minha tarefa; pelo contrário, dificultou-a, pois os sistemas gnósticos tratam das experiências imediatas da alma de um modo muito restrito, sendo, em sua maior parte, elaborações especulativas de cunho sistemático. Como possuímos pouquíssimos textos detalhados, a maioria dos quais deriva das exposições feitas por adversários cristãos, o conhecimento de que dispomos é insuficiente, tanto no que se refere à história como ao conteúdo dessa literatura estranha e confusa, difícil de ser abarcada. Parecia-me arriscado buscar apoio nesse domínio, principalmente porque cerca de 1.700 ou 1.800 anos nos separam dessa época. Além disso, as relações que eu encontrara eram em parte de caráter secundário, deixando lacunas no tocante aos pontos principais, e assim achei impossível utilizar o material gnóstico.

O texto enviado por Wilhelm ajudou-me a sair dessa dificuldade, pois continha justamente os aspectos que eu buscara em vão nos gnósticos. Desse modo, proporcionou-me a oportunidade feliz de poder publicar, ainda que de forma provisória, alguns dos resultados essenciais de minhas pesquisas.

No primeiro momento não dei importância ao fato de *O segredo da flor de ouro* constituir um tratado alquímico, além de ser um texto taoísta da ioga chinesa. Um estudo posterior e aprofundado dos tratados latinos me esclareceu e demonstrou que o caráter alquímico do texto tinha um significado essencial. Não é este, porém, o lugar adequado para estender-me acerca de tal ponto. Quero apenas sublinhar o fato de ter sido o texto da *flor de ouro* que me ajudou a encontrar a via correta. A alquimia medieval representa o traço de união entre a gnose e os processos do inconsciente coletivo que podem ser observados no homem de hoje[1].

Não posso deixar de mencionar de passagem certos mal-entendidos, até mesmo por parte de alguns leitores cultos deste livro. Afirmou-se várias vezes que a meta desta publicação era pôr nas mãos do público um método de alcançar a bem-aventurança. Numa total incompreensão do que digo em meu comentário, tais leitores tentaram imitar o "método" descrito no texto chinês. Esperemos que não sejam muitos os representantes deste baixo nível espiritual.

Outro mal-entendido deu origem à opinião de que o comentário descrevia de certo modo o meu próprio método terapêutico, visando insuflar concepções orientais em meus pacientes, no intuito de curá-los. Não creio que haja em meu comentário algo que possa motivar

---

1. O leitor poderá encontrar mais detalhes sobre o assunto em dois ensaios que publiquei no Eranos-Jahrbuch 1936 e 1937. [Este material encontra-se agora no livro: *Psicologia e alquimia,* de C.G. Jung.]

tal suposição. Seja como for, essa opinião é errônea e se baseia na ideia amplamente difundida de que a psicologia foi inventada para um certo fim, não constituindo uma ciência empírica. Pertence a esta categoria a opinião superficial e pouco lúcida de que o inconsciente coletivo é uma ideia "metafísica". Trata-se, isto sim, de um conceito *empírico* que deve ser equiparado ao conceito de instinto, o que se tornará claro para todo leitor atento.

Na segunda edição acrescentei o discurso sobre Richard Wilhelm, pronunciado na comemoração realizada em Munique, no dia 10 de maio de 1930. Ele fora publicado anteriormente na primeira edição inglesa de 1931[2].

C.G. Jung

---

2. *The Secret of the Golden Flower*: A Chinese Book of Life.

Em memória de Richard Wilhelm[*1]

Meus senhores e minhas senhoras:

Não é tarefa simples falar sobre Richard Wilhelm e sua obra, pois nossas trajetórias, partindo de pontos distantes, se entrecruzaram a modo de cometas. É provável que os senhores o tenham conhecido antes do que eu. Sua obra possui tal dimensão que ainda não consegui abrangê-la por completo. Nunca vi a China, que formou e enriqueceu seu pensamento, nem me é familiar sua língua, expressão viva do espírito chinês. Sinto-me como um estranho, exilado no imenso campo de saber e de experiência dentro do qual Wilhelm atuava como um mestre em seu domínio. Ele, sinólogo, e eu, médico, nunca teríamos nos encontrado se tivéssemos permanecido fechados em nossa especialidade. Encontramo-nos, porém, na esfera humana que se inicia além das fronteiras acadêmicas. Foi aí que se deu nosso ponto de contato e daí saltou a faísca que viria a ser um dos principais acontecimentos de minha vida. Por este motivo posso falar sobre Wilhelm e sua obra, lembrando com profundo respeito esse espírito que lançou uma ponte entre Oriente e Ocidente, legando-nos a valiosa herança de uma cultura milenar, talvez destinada à destruição.

---

* Trad. de Rubem Bianchi e Inês Ferreira da Silva Bianchi.
1. Esta palestra foi proferida a 10 de maio de 1930, em Munique, por ocasião da homenagem prestada a Richard Wilhelm, falecido a 1º de maio do mesmo ano. Foi publicada inicialmente em *Neue Zürcher Zeitung* CLI/1 (6 de março de 1930); posteriormente em *Chinesisch-Deutscher Almanach* (Frankfurt am Main, 1931); finalmente na 2ª edição de *Das Geheimnis der Goldenen Blüte. Ein chinesisches Lebensbuch* (O segredo da flor de ouro).

Wilhelm possuía a amplitude de conhecimento que só é alcançada por aqueles que ultrapassam a sua especialidade. Sua ciência tornou-se – ou melhor, foi desde o início – algo que se aplica a toda a humanidade. O que mais poderia tê-lo afastado do estreito horizonte europeu e do espírito missionário, mal conhecendo ainda o segredo da alma chinesa, senão o pressentimento da existência de tesouros ali escondidos, aos quais sacrificou seu preconceito europeu, devido a essa pérola preciosa? Só um sentimento de profunda humanidade e a grandeza de um coração que intui a plenitude poderiam levá-lo a devotar-se incondicionalmente a um espírito estranho ao seu e a conceder seus múltiplos dons e capacidades a essa influência. A compreensão com a qual se dedicou a essa tarefa, sem nenhum traço de ressentimento cristão ou arrogância europeia, constitui um testemunho de sua grandeza, pois os espíritos medíocres, em contato com uma cultura estranha, perdem-se numa cega autodestruição, ou numa atitude crítica tão incompreensível, quanto presunçosa. Como apenas tateiam a superfície externa, nunca bebendo o vinho ou comendo o pão da cultura estrangeira, jamais permitem que ocorra a *communio spiritus* (comunhão espiritual), aquela transfusão e penetração mais íntima que prepara e gera um novo nascimento.

O especialista, em geral, representa o espírito masculino, o intelecto, para o qual a fecundação é um processo estranho e contrário à natureza, sendo, desta forma, um instrumento inadequado para promover o renascimento de uma cultura desconhecida. Um espírito superior, no entanto, carrega em si as características do feminino. A ele foi dado o colo receptivo e gerador que lhe permitiu recriar o desconhecido numa forma conhecida. Wilhelm possuía o carisma de uma natureza maternal, à qual se deve sua capacidade intuitiva em relação ao pensamento chinês, permitindo-lhe criar traduções incomparáveis.

Em minha opinião, a tradução e os comentários sobre o *I Ging*[2] constituem sua maior obra. Antes de conhecê-la, servi-me durante

---

2. *I Ging. Das Buch der Wandlungen* (*I Ging*. O Livro das Mutações). [Tradução do chinês para o alemão e comentários de Richard Wilhelm.]

anos da tradução deficiente de Legge[3] e pude perceber a extraordinária diferença entre elas. Wilhelm recriou e concebeu sob uma nova forma essa antiga obra, na qual, não só muitos sinólogos, como também os chineses modernos, nada mais veem do que uma coletânea de absurdas fórmulas mágicas. Esta obra, como talvez nenhuma outra, representa o espírito da cultura chinesa, pois nela trabalharam, durante milênios, os maiores sábios da China. Apesar de sua espantosa idade, nunca envelheceu, permanece atuante, pelo menos para aqueles que compreendem seu sentido. Devemos agradecer à capacidade criativa de Wilhelm por pertencermos também a estes privilegiados. Ele colocou esta obra ao nosso alcance, não apenas através de um cuidadoso trabalho de tradução, como também pela sua experiência pessoal, de um lado como discípulo de um mestre chinês da velha escola, e de outro, como iniciado na psicologia da ioga chinesa, para o qual a aplicação prática do *I Ging* sempre representa uma experiência renovada.

No entanto, juntamente com essas dádivas, Wilhelm também nos incumbiu de uma tarefa, cuja dimensão podemos apenas imaginar, e dificilmente abranger. Quem teve a felicidade, como eu, de experimentar com Wilhelm o poder divinatório do *I Ging* não deve ignorar o fato de que tocamos num ponto arquimediano, que poderia desencadear uma profunda mudança em nosso espírito ocidental. Wilhelm legou-nos um quadro compreensível e colorido de uma cultura estrangeira. Mais importante, no entanto, é o fato de nos haver inoculado o germe vivo do espírito chinês, capaz de modificar essencialmente nossa visão do mundo. Não permanecemos apenas como espectadores, admirados ou críticos, mas tornamo-nos participantes do espírito oriental, na medida em que tivermos experimentado a eficácia viva do *I Ging*.

O princípio no qual se baseia o *I Ging* – se é que posso me expressar dessa forma – encontra-se aparentemente em profunda

---

3. *The Yi King*. [Tradução inglesa de James Legge.]

contradição com a concepção do mundo ocidental, científica e teleológica. Em outras palavras, ele é extremamente anticientífico e, arriscaria até dizer, proibido, uma vez que é incompreensível e foge ao nosso juízo científico.

Há alguns anos, o presidente da British Anthropological Society perguntou-me como eu explicaria o fato de um povo intelectualmente tão evoluído como o chinês nunca ter produzido uma ciência. Respondi que devia ser um engano, pois os chineses possuíam uma "ciência", cuja obra máxima era justamente o *I Ging*, mas que o princípio desta ciência, como muitas outras coisas na China, era frontalmente diverso do nosso modelo científico.

A ciência do *I Ging* não se baseia no princípio da causalidade, mas em outro princípio, até o momento sem nome – por não existir entre nós –, ao qual chamei experimentalmente de *princípio da sincronicidade*. Minhas pesquisas no campo da psicologia dos processos inconscientes levaram-me a procurar outras explicações para o esclarecimento de certos fenômenos da psicologia profunda, uma vez que o princípio da causalidade me parecia insuficiente. Descobri, inicialmente, que existem manifestações psicológicas paralelas que não se relacionam absolutamente de modo causal, mas apresentam uma forma de correlação totalmente diferente. Tal conexão parece basear-se essencialmente na relativa simultaneidade dos eventos, daí o termo "sincronicidade". Longe de ser uma abstração, o tempo se apresenta como continuidade concreta, contendo qualidades e condições básicas que podem se manifestar em locais diferentes com relativa simultaneidade, num paralelismo que não se explica de forma causal; por exemplo, na ocorrência simultânea de pensamentos, símbolos ou estados psíquicos similiares. Um outro exemplo apontado por Wilhelm refere-se à simultaneidade dos períodos de estilos chineses e europeus, cuja coincidência não pode ser explicada sob o ponto de vista da causalidade. A astrologia seria considerada como um exemplo mais abrangente de sincronicidade, se ela apresentasse resultados universalmente seguros.

Existem, entretanto, alguns fatos comprovados por ampla estatística, que tornam a astrologia digna de questionamento filosófico (sem dúvida, seu valor psicológico é inexorável, pois representa a soma de todo o conhecimento psicológico da Antiguidade).

A possibilidade de se reconstruir o caráter de uma pessoa, a partir do mapa astral na hora do seu nascimento, comprova a relativa validade da astrologia. Lembremo-nos, entretanto, de que o mapa astral não depende absolutamente da constelação astronômica real, mas é baseado num sistema de tempo arbitrário, puramente conceitual. Em decorrência da precessão dos equinócios, o ponto da primavera há muito se deslocou astronomicamente de zero graus de Áries, de forma que o zodíaco astrológico, a partir do qual são calculados os horóscopos, não corresponde de maneira alguma ao zodíaco celeste. Se considerarmos a existência de diagnósticos astrológicos corretos, estes sem dúvida não se baseiam nas influências dos astros, mas em nossas hipotéticas qualidades do tempo. Em outras palavras, o que nasce ou é criado num dado momento adquire as qualidades deste momento.

Esta é a fórmula básica para a prática do *I Ging*. Sabe-se que o conhecimento do hexagrama – que reproduz o momento – é obtido através da manipulação puramente causal das varetas ou moedas. As varetas caem conforme se apresenta o momento. A questão é: Conseguiram o velho Rei Wen e o Duque de Dschou, por volta do ano 1000 antes de Cristo, interpretar corretamente o desenho dessas varetas caídas ao acaso?[4] Somente a experiência pode demonstrar.

Em sua primeira conferência no Clube de Psicologia de Zurique, Wilhelm realizou, a meu pedido, uma apresentação prática do *I Ging*, fazendo, ao mesmo tempo, uma previsão que se concretizaria integralmente e com toda clareza em menos de dois anos. Tal fato poderia ser comprovado através de várias experiências paralelas. Não é minha intenção, no entanto, verificar objetivamente a validade das

---

4. Maiores esclarecimentos sobre o método e a história, cf. *I Ging* I, p. 11s. Düsseldorf, 1960.

expressões do *I Ging*. Tomo-as como premissas, de acordo com meu falecido amigo, ocupando-me apenas com o fato assombroso de que a *qualitas occulta* (qualidade oculta) do momento, expressa através do hexagrama, tornou-se legível. Trata-se de uma correlação de acontecimentos não só análoga à da astrologia, como também de natureza similar. O nascimento corresponde às varetas caídas; a constelação do nascimento, ao hexagrama, e a interpretação astrológica refere-se ao texto indicado pelo hexagrama.

Esse tipo de pensamento, baseado no princípio da sincronicidade, atinge seu ponto máximo no *I Ging* e constitui a mais pura expressão do espírito chinês. No Ocidente, esta forma de pensamento esteve ausente da filosofia desde a época de Heráclito, reaparecendo somente como eco distante em Leibniz. Isso não significa, entretanto, que durante todo esse tempo tenha sido extinta, mas subsistiu na penumbra da especulação astrológica, permanecendo neste estágio até hoje.

É aqui que o I Ging desperta em nós uma necessidade de desenvolvimento. O ocultismo experimenta atualmente um renascimento sem precedentes, quase obscurecendo a luz do espírito ocidental. Não penso em nossas academias e seus representantes. Sou médico e lido com pessoas simples. Sei, por isso, que as universidades não são mais fonte de conhecimentos. As pessoas estão cansadas da especialização científica e do intelectualismo racional. Elas querem ouvir a verdade que não limite, mas amplie; que não obscureça, mas ilumine; que não escorra como água, mas que penetre até os ossos. Essa busca ameaça atingir erroneamente um público anônimo, porém extenso.

Quando penso na obra e no significado de Wilhelm, lembro-me de Anquetil Du Perron, um francês que trouxe para a Europa a primeira tradução dos "Upanixades", justamente na época em que acontecia um fato inacreditável: depois de quase 18 séculos, a Deusa Razão destronou Cristo Deus em plena Notre Dame. Hoje, [sic] quando na Rússia acontecem fatos muito mais incríveis do que em Paris naquela época, é Wilhelm quem nos traz uma nova luz do Oriente, num momento em que na própria Europa o símbolo cristão atravessa um tal estado de enfraquecimento, a ponto de os budistas acreditarem ser o momento para novas missões. Esta foi a tarefa que Wilhelm pressentiu, reconhecendo quanto o Oriente poderia nos oferecer no sentido de suprir nossas necessidades espirituais.

Dando uma esmola a um pobre, certamente não o estaremos ajudando, mesmo se for isso o que ele realmente deseja. No entanto, o ajudaríamos muito mais, se lhe indicássemos o caminho de um trabalho, através do qual ele se libertasse de sua miséria. Infelizmente os mendigos espirituais de nossos tempos estão por demais inclinados a aceitar as esmolas do Oriente e a imitar irrefletidamente seus costumes. Devemos estar prevenidos contra esse perigo. Wilhelm também percebeu isso. O espírito da Europa não pode ser salvo apenas através de sensações ou estímulos novos. Se quisermos possuir a sabedoria, precisamos aprender a obtê-la. O que o Oriente tem a nos oferecer é simplesmente uma ajuda numa tarefa que devemos realizar. De que nos servem a sabedoria dos "Upanixades" e o conhecimento da ioga chinesa, se abandonamos nossos próprios fundamentos como se fossem erros ultrapassados, para nos lançarmos em terras estranhas como piratas sem pátria? Os conhecimentos do Oriente, sobretudo a sabedoria do *I Ging,* não terão sentido algum, se nos fecharmos para nossa própria problemática, estruturando nossas vidas a partir de preconceitos tradicionais, escondendo de nós mesmos nossa real natureza humana com suas trevas e subterrâneos. A luz desta sabedoria só brilha na escuridão e não sob os refletores da consciência e da vontade artificial dos europeus. Tal sabedoria surgiu dentro de um contexto, cujos horrores podemos imaginar, quando lemos sobre os massacres chineses ou sobre o obscuro poder das sociedades secretas da China, a infinita miséria e os vícios do povo chinês.

Precisamos de uma vida tridimensional, se quisermos vivenciar a sabedoria chinesa. Para tanto, precisaríamos, em primeiro lugar, da sabedoria europeia sobre nós mesmos. Nosso caminho começa em nossa realidade e não nos exercícios de ioga, que nos desviam dela. Se quisermos ser discípulos dignos do mestre, precisamos continuar o trabalho de Wilhelm, em seu sentido mais amplo. Assim como ele traduziu os tesouros espirituais do Oriente para uma visão ocidental, devemos transpor este sentido para a vida. Como sabemos, Wilhelm traduziu o termo *Tao* por *sentido*. Transpor para a vida este *sentido*, ou seja, realizar o *Tao*, constitui a tarefa dos discípulos. Entretanto, o *Tao* não se realiza por palavras ou bons ensinamentos. Saberemos com certeza como ele surge entre nós ou ao nosso redor? Seria por imitação? Ou seria pela razão? Ou ainda por acrobacia da vontade?

Observamos um destino implacável realizar-se no Oriente. Os canhões europeus explodiram os portões da Ásia. A ciência e a técnica, o materialismo e a avidez ocidentais invadiram a China. Dominamos politicamente o Oriente. Os senhores imaginam o que aconteceu quando Roma subjugou o Oriente Médio? O espírito oriental avançou sobre Roma. Mitra tornou-se o deus-militar romano, e no mais ínfimo lugarejo da Ásia Menor surgiu uma nova Roma espiritual. Não seria possível acontecer algo semelhante nos dias de hoje, e sermos tão cegos como os romanos, que tanto se impressionavam com as superstições dos χρηστοί (cristãos)? Devemos notar que Inglaterra e Holanda, as mais antigas potências colonizadoras do Oriente, são justamente as mais infectadas pela teosofia indiana. Sei que nosso continente está impregnado de símbolos orientais. O espírito do Oriente está realmente *anteportas* (à nossa porta). Parece-me, portanto, que a realização do sentido, a busca do *Tao*, já se tornou uma manifestação do coletivo muito mais forte do que imaginamos. O fato, por exemplo, de que Wilhelm e o indólogo Hauer[5] tenham sido convidados para realizar uma apresentação sobre a ioga no Congresso Alemão de Psicoterapia deste ano é, em minha opinião, um extraordinário sinal dos tempos. Imaginem o que representa um médico clínico, que se

---

5. Jakob W. Hauer (nasc. 1881), missionário e mais tarde professor de Sânscrito na Universidade de Tübingen.

ocupa diretamente com o ser humano enfermo, entrar em contato com sistemas terapêuticos orientais! O Oriente penetra implacavelmente por todos os poros, atingindo a Europa em seu ponto mais vulnerável. Poderia ser uma perigosa infecção, mas talvez seja um remédio. O emaranhado babilônico do espírito ocidental produziu uma tal desorientação, que todos anseiam por verdades mais simples ou, pelo menos, por ideias que falem não somente ao intelecto, como também ao coração, trazendo clareza ao espírito observador e paz ao incessante turbilhão de sentimentos. Assim como na antiga Roma, importamos também toda sorte de superstições exóticas, na esperança de encontrarmos o remédio adequado à nossa enfermidade.

O homem instintivamente reconhece que toda grande verdade é simples. Aquele, cujo instinto está atrofiado, imagina, por isso, que ela se encontre em simplificações baratas e trivialidades, ou, por outro lado, em razão de seu desapontamento, incorre no erro oposto de imaginar a verdade como algo infinitamente complicado e obscuro. Observamos em nossas massas anônimas o aparecimento de um movimento gnóstico que corresponde psicologicamente àquele de mil e novecentos anos atrás. Tal como hoje, antigos andarilhos solitários, entre os quais o grande Apolônio, teciam fios espirituais, envolvendo Europa, Ásia e talvez até a longínqua Índia. A partir deste distanciamento histórico, reconheço em Wilhelm um representante gnóstico que pôs a cultura da Ásia Menor em contato com o espírito helênico, fazendo brotar um mundo novo a partir das ruínas do Império Romano. Como em nossos dias, lá prevaleciam a confusão, a trivialidade, a extravagância, o mau gosto e a inquietação interior. O continente espiritual europeu estava submerso, e só se percebiam na flutuação vaga e indefinida a existência de alguns cumes e ilhas. Toda forma de desvio espiritual se manifestava, e prosperavam falsos profetas.

Em meio à ruidosa desarmonia da opinião europeia, é um alívio ouvir a linguagem simples de Wilhelm, o mensageiro da China. Ela é formada na ingenuidade quase vegetal do espírito chinês e exprime o profundo de modo espontâneo e despretensioso. Deixa escapar algo da simplicidade da grande verdade, trazendo até nós o perfume sensível da flor de ouro. Penetrando com suavidade, semeou no solo europeu uma delicada semente, uma nova intuição acerca da vida, depois de tanta convulsão, arbitrariedade e arrogância.

Wilhelm, ao contrário de muitos europeus, assumiu uma atitude de profunda humildade em relação à cultura oriental. A ela nada opôs: nem preconceito, nem a presunção de um grande conhecedor. Abriu seu coração e sentidos, deixando-se arrebatar de tal maneira, que, quando voltou à Europa, trouxe a imagem fiel do Oriente, não apenas em seu espírito, como também em sua essência. Uma transformação assim profunda só foi possível através de grande despojamento, principalmente porque nossos pressupostos históricos são totalmente diferentes dos orientais. O poder da consciência ocidental e sua aguda problemática cederam à natureza serena e universal do Oriente; e o racionalismo europeu e sua diferenciação unilateral, à simplicidade e amplitude da China. Tal metamorfose significou para Wilhelm não somente mudança em sua orientação intelectual, como também reestruturação dos componentes de sua personalidade. Não lhe teria sido possível oferecer uma imagem do Oriente tão nítida e livre de intencionalidade, sem que nele, o homem europeu passasse para um segundo plano. Também não poderia ter cumprido sua missão, se houvesse permitido que o Oriente e o Ocidente se chocassem frontalmente. O sacrifício do homem europeu foi inevitável e indispensável para a execução da tarefa que o destino lhe reservou.

A missão de Wilhelm foi realizada em seu mais amplo sentido. Não só nos tornou acessíveis os tesouros da cultura oriental, como plantou em solo europeu as raízes do espírito chinês, que permaneceram vivas durante milênios. Com o término de sua tarefa, sua missão atingiu o apogeu e, infelizmente, também o seu fim. Segundo a lei da *enantiodromia*, dos fluxos contrários, tão bem interpretada pelos chineses, com o final de um ciclo dá-se o início de seu oposto. Assim, *Yang* em seu limite transforma-se em *Yin*, e o positivo, em negativo. Relacionei-me com Wilhelm somente nos últimos anos de sua vida, mas pude observar que, com a conclusão de sua obra, o Ocidente passou a solicitá-lo cada vez mais, chegando mesmo a importuná-lo. Por este motivo, sentia a sensação crescente de estar próximo de uma grande transformação, uma verdadeira convulsão, cuja natureza não conseguia compreender claramente. Tinha apenas a certeza de estar frente a uma crise decisiva. Paralelamente ao desenvolvimento espiritual, progredia sua doença física. Seus sonhos, impregnados de lembranças da China, e as imagens invariavelmente sombrias e tristes demonstravam o quanto o conteúdo oriental havia se tornado negativo.

Quando um grande sacrifício é feito, o sacrificado necessita, em seu retorno, de um corpo saudável e resistente, que possa suportar o abalo de uma grande metamorfose. Por isso, uma crise espiritual de tal intensidade frequentemente significa a morte, quando se defronta com um corpo debilitado pela doença. A faca do sacrifício encontra-se nesse momento nas mãos do sacrificado, e do sacrificador será exigida a morte.

Como os senhores veem, não contive minhas interpretações, pois como poderia falar de Wilhelm sem dizer como eu o vivenciei? Na minha opinião, sua obra possui um inestimável valor; ela me esclareceu muito, comprovando aquilo que eu havia experimentado, desejado, pensado e feito no sentido de aliviar o sofrimento psíquico dos europeus. Para mim, foi uma experiência muito intensa ouvir através de suas palavras, numa linguagem lúcida e clara, o que eu obscuramente vislumbrara acerca do turbilhão do inconsciente europeu. Sinto-me, na verdade, tão enriquecido, que tenho a impressão de ter recebido dele mais do que qualquer outra pessoa. É por este motivo, que não vejo como presunção de minha parte o fato de ser eu quem deposite, neste momento, a gratidão e o respeito de todos nós no altar de sua memória.

COMENTÁRIO EUROPEU
de C.G. Jung

1
Introdução

A. Por que é difícil para o ocidental compreender o Oriente

Como ocidental, e sentindo à sua maneira específica, experimentei a mais profunda estranheza diante do texto chinês do qual se trata. É verdade que um certo conhecimento das religiões e filosofias orientais auxiliara de certo modo meu intelecto e minha intuição, a fim de compreendê-lo, assim como entendo os paradoxos das concepções religiosas primitivas em termos de "etnologia" ou de "religião comparada". Este é o modo ocidental de ocultar o próprio coração sob o manto da chamada compreensão científica. E o fazemos, em parte devido à *misérable vanité des savants*, que receia e rejeita com terror qualquer sinal de simpatia viva, e, em parte, porque uma compreensão simpatética pode transformar o contato com o espírito estrangeiro numa experiência que deve ser levada a sério. Nossa objetividade científica reservaria este texto para a perspicácia filológica dos sinólogos, preservando-o cuidadosamente de qualquer outra interpretação. Mas Richard Wilhelm penetrou demais no segredo e na misteriosa vivência da sabedoria chinesa, para permitir que essa pérola intuitiva desaparecesse nas gavetas dos especialistas. É grande a minha honra e alegria de ter sido designado para fazer o comentário psicológico desse texto chinês.

No entanto, este fragmento precioso que ultrapassa o conhecimento dos especialistas talvez corra o risco de ser tragado por outra gaveta científica. Menosprezar os méritos da ciência ocidental, porém, equivaleria a renegar as próprias bases do espírito europeu. De fato, a ciência não é um instrumento perfeito, mas, nem por isso, deixa de ser um utensílio excelente e inestimável, que só causa dano quando é tomado como um fim em si mesmo. A ciência deve servir e erra somente quando pretende usurpar o trono. Deve inclusive servir às ciências adjuntas, pois devido à sua insuficiência, e por isso mesmo, necessita de apoio das demais. A ciência é um instrumento do espírito ocidental e com ela se abre mais portas do que com as mãos vazias. É a modalidade da nossa compreensão e só obscurece a vista quando reivindica para si o privilégio de constituir a única maneira adequada de apreender as coisas. O Oriente nos ensina outra forma de compreensão, mais ampla, mais alta e profunda – a compreensão mediante a vida. Conhecemos esta última a modo de um sentimento fantasmagórico, que se exprime através de uma vaga religiosidade, motivo pelo qual preferimos colocar entre aspas a "sabedoria" oriental, remetendo-a para o domínio obscuro da crença e da superstição. Desta forma, ignoramos totalmente o "realismo" do Oriente. Não se trata porém de intuições sentimentais, de um misticismo excessivo que tocasse as raias patológicas de um ascetismo primitivo e intratável, mas de intuições práticas nascidas da flor da inteligência chinesa e que não temos motivo algum para subestimar.

Esta afirmação talvez pareça temerária, provocando a desconfiança de alguns, o que não é de se estranhar, uma vez que é extremo o desconhecimento da matéria em questão. Além disso, a singularidade do pensamento chinês salta à vista, sendo compreensível nosso embaraço no tocante ao modo pelo qual ele poderia associar-se à nossa forma de pensar. O erro habitual (o teosófico, por exemplo) do homem do Ocidente lembra o do estudante que, no *Fausto*, de Goethe, recebe um mau conselho do diabo e volta as costas, com desprezo, para a ciência; o erro ao qual me refiro é o de interpretar erroneamente o êxtase oriental, tomando ao pé da letra as práticas da ioga, numa imitação deplorável. Abandonar-se-ia desse modo o único chão seguro do espírito ocidental, para perder-se nos vapores de palavras e conceitos que nunca se originariam em cérebros ocidentais e nunca neles se enxertarão com proveito.

Disse um antigo adepto: "Se o homem errado usar o meio correto, o meio correto atuará de modo errado"[1]. Este provérbio chinês, infelizmente muito verdadeiro, se contrapõe drasticamente à nossa crença no método "correto", independentemente do homem que o emprega. No tocante a isso, tudo depende do homem e pouco ou nada do método. Este último representa apenas o caminho e a direção escolhidos pelo indivíduo; é o modo pelo qual ele atua nesse caminho que exprime verdadeiramente o seu ser. Se assim não fosse, o método não passaria de uma afetação, de algo construído artificialmente, sem raiz e sem seiva, servindo apenas à meta ilegítima do autoengano. Além disso, poderia representar um meio de o indivíduo iludir-se consigo mesmo, fugindo talvez à lei implacável do próprio ser. Tudo isto está muito longe da consistência e da fidelidade a si mesmo do pensamento chinês. À diferença deste, tratar-se-ia, na hipótese anteriormente formulada, de uma renúncia ao próprio ser, de uma traição a si mesmo e de uma entrega a deuses estranhos e impuros, artimanha pusilânime no sentido de usurpar uma superioridade anímica e tudo aquilo que é justamente o contrário do "método" chinês. Essas intuições surgiram da vida mais plena, autêntica e verdadeira, da vida arcaica da cultura chinesa, que cresceu lógica e organicamente a partir dos instintos mais profundos. Tudo isso é para nós inacessível e inimitável.

A imitação ocidental é trágica, por ser um mal-entendido que ignora a psicologia do Oriente. É tão estéril como as escapulidas modernas para o Novo México, para as ilhas beatíficas dos Mares do Sul, ou para a África Central onde o homem culto pode brincar de ser "primitivo", a fim de fugir disfarçadamente de suas tarefas imediatas, de seu *Hic Rhodus hic salta*. Não se trata de macaquear o que é visceralmente estranho a nós, ou de bancar o missionário, mas de edificar a cultura ocidental que sofre de mil males; isto deve ser feito, no entanto, no lugar adequado, em busca do autêntico europeu, em sua trivialidade ocidental, com seus problemas matrimoniais, suas neuro-

---

1. [*Tai I Gin Hua Dsung Dschi (O segredo da flor de ouro)*, cf. adiante, p. 132.]

ses, suas ilusões político-sociais e enfim com sua total desorientação diante do mundo.

Seria melhor confessar que não compreendemos este texto esotérico, ou então que não queremos compreendê-lo. Acaso não pressentimos que uma tal colocação anímica, que permite olhar fundo e para dentro, desprendendo-se do mundo, só é possível porque esses homens satisfizeram de tal modo as exigências instintivas de sua natureza, que pouco ou nada mais os impede de ver a essência invisível do mundo? E acaso a condição de possibilidade da libertação desses apetites, dessas ambições e paixões que nos detêm no visível, não reside justamente na satisfação plena de sentido das exigências instintivas, em lugar de uma repressão prematura determinada pela angústia? E não se liberta o olhar para o espiritual quando a lei da terra tiver sido obedecida? Quem conhecer a história dos costumes chineses ou então o *I Ging* através de um estudo minucioso saberá que esse livro sapiencial impregnou o pensamento chinês há milhares de anos. Alguém assim preparado não deixará de lado tais questões. E compreenderá também que as ideias do nosso texto não representam algo de extraordinário para a mentalidade chinesa, mas são conclusões psicológicas inevitáveis.

Nos primeiros tempos da cultura cristã a que pertencemos, o espírito e a paixão do espírito eram pura e simplesmente os valores positivos pelos quais valia a pena lutar. Só no ocaso do medievalismo, isto é, no decorrer do século XIX, quando o espírito começou a degenerar em intelecto, surgiu uma reação contra o predomínio insuportável do intelectualismo; cometeu-se então – o que é perdoável – o erro de confundir intelecto e espírito. Este último foi então acusado pelos delitos do primeiro (Klages). Na realidade, o intelecto apenas prejudica a alma quando pretende usurpar a herança do espírito, para o que não está capacitado de forma alguma. O espírito representa algo de mais elevado do que o intelecto, abarcando não só este último como os estados afetivos. Ele é uma direção e um princípio de vida que aspiram às alturas luminosas e sobre-humanas. A ele se opõe o feminino, obscuro, telúrico (Yin), com sua emocionalidade e instintividade que mergulham nas profundezas do tempo e nas raízes do *continuum* corporal. Tais conceitos representam, sem dúvida alguma, concepções puramente intuitivas, mas indispensáveis se quisermos compreender a essência da alma. A China não pôde prescindir dessas concepções, pois tal como demonstra a história de sua filosofia, nunca se afastou dos fatos centrais da alma a ponto de perder-se no engano de uma supervalorização e desenvolvimento unilaterais de uma função psíquica isolada. Por isso mesmo, nunca deixou de reconhecer o paradoxo e a polaridade de tudo o que vive. Os opostos sempre se equilibram na mesma balança – sinal de alta cultura. Ainda que represente uma força propulsora, a unilateralidade é um sinal de barbárie. A reação que se iniciou no Ocidente contra o intelecto e a favor do eros ou da intuição constitui, na minha opinião, um sintoma de progresso cultural e um alargamento da consciência além dos estreitos limites de um intelecto tirânico.

Longe de mim a intenção de menosprezar a enorme diferenciação do intelecto ocidental. Comparado a ele, pode-se dizer que o intelecto oriental é infantil (sem que isto tenha algo a ver com inteligência!). Se conseguíssemos elevar outra função, isto é, uma terceira função anímica à dignidade que, entre nós, se atribui ao intelecto, o Ocidente poderia ter a esperança de ultrapassar consideravelmente o Oriente. É lamentável, portanto, que o europeu se renegue a si mesmo para imitar o oriental, afetando aquilo que não é. Suas possibilidades seriam muito maiores se permanecesse fiel a si mesmo e se desenvolvesse a partir de sua essência tudo o que o Oriente deu à luz no decurso de milênios.

Em geral, sob o ponto de vista irremediavelmente exterior do intelecto, é como se ignorássemos o valor daquilo que o Oriente tanto aprecia. O puro intelecto não apreende a importância prática que as ideias orientais têm para nós, motivo pelo qual pretende classificá-las como curiosidades filosóficas e etnológicas. Tal incompreensão vai tão longe que os próprios sinólogos ignoram o uso prático do *I Ging*, considerando este livro uma simples coletânea de fórmulas mágicas e abstrusas.

B. A psicologia moderna abre uma possibilidade de compreensão

Através da experiência prática abriu-se para mim um acesso totalmente novo e inesperado à sabedoria oriental. É bom ressaltar que eu não partira de um conhecimento, mesmo que insuficiente, da filosofia chinesa; pelo contrário, ao iniciar minha carreira de psiquiatra e psicoterapeuta, desconhecia por completo tal filosofia e só a experiência médica posterior revelou-me que, através da técnica desenvolvida nesse trabalho, eu ia seguindo inconscientemente o caminho secreto que há milénios preocupara os melhores espíritos do Oriente. Poder-se-ia tomar isto como uma fantasia subjetiva – motivo pelo qual eu hesitara até então em publicar algo relativo ao assunto –, mas Wilhelm, o grande conhecedor da alma da China, confirmou abertamente tal coincidência, encorajando-me a escrever algo sobre um texto chinês, cujo teor faz parte da obscuridade misteriosa do espírito oriental. Seu conteúdo, porém – e isto é extraordinariamente importante –, representa um paralelo vivo com o que ocorre no processo de desenvolvimento psíquico de meus pacientes que, obviamente, não são chineses.

Para tornar este fato insólito mais compreensível ao leitor, convém lembrar que assim como a anatomia do corpo humano é a mesma, apesar das diferenças raciais, assim também a psique possui um substrato comum, que ultrapassa todas as diferenças de cultura e de consciência. A este substrato dei o nome de *inconsciente coletivo*. A psique inconsciente, que é comum a toda a humanidade, não consiste apenas de conteúdos aptos a se tornarem conscientes, mas de predisposições latentes a reações idênticas. O inconsciente coletivo é a mera expressão psíquica da identidade da estrutura cerebral, independentemente das diferenças raciais. Este fato explica a analogia e às vezes a identidade dos temas mitológicos e dos símbolos, sem falar na possibilidade da compreensão humana em geral. As diversas linhas do desenvolvimento anímico partem de uma base comum, cujas raízes mergulham no passado mais distante. Encontramos aqui também o paralelismo anímico com os animais.

Sob um ponto de vista puramente psicológico, trata-se de *instintos gerais de representação (imaginação) e de ação*. Todas as representações e ações conscientes desenvolveram-se a partir destes protótipos inconscientes, e continuam ligadas a eles. É isto que ocorre quando o consciente não atingiu ainda um maior grau de clareza, isto é, quando depende – em todas as suas funções –, mais do instinto do que da vontade consciente, e mais do afeto do que do juízo racional. Tal circunstância garante uma saúde anímica primitiva, mas pode transformar-se em desadaptação, se ocorrerem situações que exijam um esforço moral mais alto. Os instintos bastam apenas para um tipo de natureza que permanece mais ou menos invariável. O indivíduo que depende de um modo preponderante do inconsciente, e é menos propenso à escolha consciente, tem a tendência para um acentuado conservadorismo psíquico. Este é o motivo pelo qual os primitivos não mudam no decurso de milênios, sentindo medo diante de tudo o que é estranho e incomum. Tal característica poderia levá-los à desadaptação e, portanto, aos maiores perigos anímicos, isto é, a uma espécie de neurose. Uma consciência mais elevada e mais ampla, que só surgirá mediante a assimilação do desconhecido, tende para a autonomia, para a revolta contra os velhos deuses, os quais não são mais do que as poderosas imagens primordiais a que a consciência se achava subordinada.

Quanto mais poderosa e independente se torna a consciência e, com ela, a vontade consciente, tanto mais o inconsciente é empurrado para o fundo, surgindo facilmente a possibilidade de a consciência em formação emancipar-se da imagem primordial inconsciente. Alcançando então a liberdade, poderá romper as cadeias da pura instintividade e chegar a uma situação de atrofia do instinto, ou mesmo de oposição a ele. Esta consciência desenraizada, que não pode mais apelar para a autoridade das imagens primordiais, acede às vezes a uma liberdade prometeica, a uma *hybris* sem deus. Ela plana sobre as coisas e sobre os homens, mas o perigo da mudança de atitude aí está, não para cada indivíduo isoladamente, mas para os mais fracos da sociedade, no plano coletivo, que serão agrilhoados de modo também prometeico ao Cáucaso do inconsciente. O sábio chinês diria, nas palavras do *I Ging*, que quando yang alcança sua força máxima nasce em seu interior a força obscura do yin, pois ao meio-dia começa a noite, e yang se fragmenta, tornando-se yin.

O médico acha-se na situação de ver uma tal peripécia traduzir-se, literalmente, em termos de vida. Vê, por exemplo, um homem de negócios bem-sucedido, que alcançou tudo o que almejava, retirar-se de suas atividades no ápice da sorte, sucumbindo a uma súbita neurose que o transforma numa velha choramingas, o retém no leito e por fim o destrói. Nada falta à história, nem mesmo a mudança do masculino em feminino. Encontramos um paralelo exato na lenda de Nabucodonosor, que se acha no *Livro de Daniel* e, de um modo geral, na loucura dos Césares. Casos deste tipo, de exagero unilateral do ponto de vista consciente, e a reação correlativa do yin do inconsciente, constituem uma boa parte da clientela atual dos psiquiatras; tudo por causa da supervalorização da vontade consciente ("Onde há uma vontade, há um caminho!"). Obviamente, não pretendo de forma alguma negar os altos valores da vontade consciente. A consciência e a vontade podem ser consideradas como as conquistas supremas da cultura humana. Mas de que serve uma moralidade que destrói o homem? Melhor do que a moralidade é a harmonização do querer e do poder. Moral à *tout prix* – sinal de barbárie? Frequentemente, acho preferível a sabedoria. Talvez esta opinião seja devida às lentes dos meus óculos de médico, que veem as coisas de um modo diferente. Tenho a obrigação de constatar os males que causam a si próprios aqueles que seguem a esteira das realizações culturais excessivas.

Quer se queira ou não, o fato é que um colapso é o efeito de uma consciência intelectual exaltada e unilateral, que se afastou demasiado das imagens primordiais. Mas bem antes da catástrofe manifestam-se os sinais do extravio, tais como uma atrofia do instinto, nervosismo, desorientação e emaranhados de situações e problemas insolúveis etc. A investigação médica descobre, em primeiro lugar, um inconsciente em completa revolta contra os valores conscientes e que a consciência não pode assimilar, sendo que o reverso também é impossível. Defrontamo-nos assim com um conflito aparentemente insolúvel, ao qual a razão humana só pode oferecer soluções aparentes, ou falsos compromissos. Quem rejeitar esses dois caminhos, confrontar-se-á com a exigência da indispensável unidade da personalidade, e com a necessidade de buscá-la. Aqui se inicia o caminho seguido pelo Oriente desde as eras mais remotas, uma vez que os chineses, por exemplo, nunca forçaram os opostos da natureza humana, fazendo com que ambos se perdessem de vista, até a inconsciência. Esta sua consciência onicompreensiva deve-se ao fato de que o *sic et non*, em sua proximidade originária, correspondia à situação da mentalidade primitiva. Mesmo assim, era impossível não sentir o choque dos opostos e isto determinava a busca daquele caminho que os hindus chamam de *nirdvandva*, isto é, livre de opostos.

Nosso texto trata deste caminho e, no que concerne a meus pacientes, é também deste caminho que se trata. Seria no entanto um grande erro estimular o homem ocidental a praticar diretamente exercícios da ioga chinesa. Isto daria ensejo a que sua vontade e consciência se fortificassem contra o inconsciente, conduzindo-o a um resultado que se deveria evitar: a intensificação de sua neurose. Nunca é demais sublinhar o fato de que não somos orientais e de que no tocante a esses assuntos partimos de bases bem diversas. E ainda mais: cometeríamos um engano se supuséssemos que tal caminho serve para todo e qualquer neurótico, ou melhor, para qualquer problema neurótico. Ele é adequado, em primeiro lugar, para os casos em que a consciência atinge um grau anormal, afastando-se do inconsciente de um modo desastroso. Uma consciência excessiva é a *conditio sine qua non* deste processo. Nada mais errado do que abrir tal caminho para neuróticos, cujo mal é o predomínio abusivo do inconsciente. Pelo mesmo motivo, esta via de desenvolvimento não é aconselhável antes da metade da vida (que varia, normalmente, dos 35 aos 40 anos), podendo mesmo ser prejudicial nesse caso.

Como já dei a entender, o motivo que me levou a buscar um novo caminho foi o fato de parecer-me insolúvel o problema fundamental do paciente, a não ser violentando um dos lados de sua natureza. No meu trabalho, sempre mantive a convicção, talvez por causa de meu temperamento, de que no fundo não há problemas insolúveis. Até agora, a experiência confirmou esta expectativa. Vi muitas vezes pacientes superarem problemas aos quais outros sucumbiram por completo. Tal "superação" ou "ampliação", como denominara anteriormente esse fenômeno, revelou-se depois de experiências posteriores como uma elevação do nível da consciência. Algum interesse mais alto e mais amplo apareceu no horizonte, fazendo com que o problema insolúvel perdesse a urgência. Sem que este encontrasse uma solução lógica, empalideceu em confronto com um novo e forte rumo de vida. Não foi reprimido, nem submergiu no inconsciente, mas simplesmente apareceu sob outra luz, tornando-se outro. Aquilo que num primeiro degrau levara aos conflitos mais selvagens e a tempestades pânicas de afetos, parecia agora, considerado de um nível mais alto da personalidade, uma tempestade no vale, vista do cume de uma elevada montanha. Com isto, a tempestade não é privada de sua realidade, mas, em lugar de se estar nela, se está acima dela. Mas como de um ponto de vista anímico somos ao mesmo tempo vale e montanha, parece uma presunção nada convincente sentir-se o indivíduo além do humano. Certamente, sentimos o afeto (a emoção), que nos sacode e atormenta. Mas ao mesmo tempo é-nos dada uma consciência mais alta, que impede nossa identificação com o afeto: somos capazes de considerá-lo como um objeto, e assim podemos dizer: "Eu sei que estou sofrendo". A afirmação de nosso texto, a saber: "A preguiça da qual não somos conscientes e a preguiça da qual somos conscientes estão a milhares de milhas uma da outra"[2], é plenamente válida no que se refere ao afeto.

O que sucedia aqui e ali sob este aspecto, era que alguém se ampliava por si mesmo, a partir de obscuras possibilidades, e isto foi para mim uma experiência valiosíssima. Mas eu já aprendera, nesse ínterim, que os maiores e mais importantes problemas da vida são, no fundo, insolúveis; e deve ser assim, uma vez que exprimem a polaridade necessária e imanente a todo sistema autorregulador. Embora nunca possam ser resolvidos, é possível superá-los mediante uma ampliação da personalidade. A questão que proponho a mim mesmo é a de saber se essa possibilidade de ampliação, esse desenvolvimento

---

2. Op. cit., adiante, p. 115.

anímico, não representa o caso normal, e a fixação num conflito, a doença. Todo ser humano deveria possuir, pelo menos em germe, esse nível mais alto, e tal possibilidade poder-se-ia desenvolver sob condições favoráveis. Ao observar a via de desenvolvimento daqueles que silenciosamente e como que inconscientemente se superavam a si mesmos, constatei que seus destinos tinham algo em comum: o novo vinha a eles do campo obscuro das possibilidades de fora ou de dentro, e eles o acolhiam e com isso cresciam. Parecia-me típico que uns o recebessem de fora e outros, de dentro, ou melhor, que em alguns o novo crescesse a partir de fora e em outros, a partir de dentro. Mas de qualquer forma, nunca o novo era algo somente exterior ou somente interior. Ao vir de fora, tornava-se a vivência mais íntima. Vindo de dentro, tornava-se acontecimento externo. Jamais era intencionalmente provocado ou conscientemente desejado, mas como que fluía na torrente do tempo.

É tão grande a tentação que sinto de fazer de tudo uma meta e um método que, deliberadamente, me exprimo em termos bem abstratos a fim de evitar preconceitos, isto é, a fim de impedir que o leitor tome o novo por isto ou aquilo, transformando-o numa receita a ser usada "mecanicamente". Se tal acontecesse, dar-se-ia o caso já citado de que o "meio correto" pudesse cair nas mãos "do homem errado". Sempre me impressionou profundamente o fato de que o novo, preparado pelo destino, nunca ou raramente corresponde à expectativa consciente ou aos instintos enraizados, tais como os conhecemos. Pelo contrário, o novo constitui uma expressão apropriada da personalidade total, uma expressão que jamais se poderia imaginar de uma forma tão completa.

O que fizeram tais pessoas para levar a cabo esse processo libertador? Na medida em que pude percebê-lo, elas nada fizeram (wu wei)[3], mas deixaram que as coisas acontecessem, de acordo com o ensinamento do Mestre Lü Dsu. Assim, permitiram que a luz circulasse de acordo com sua própria lei, sem abandonarem sua ocupação

---

3. A ideia taoística da ação através da não ação.

habitual. O deixar-acontecer (*Sichlassen*), na expressão de Mestre Eckhart, a ação da não ação foi, para mim, uma chave que abriu a porta para entrar no caminho: *Devemos deixar as coisas acontecerem psiquicamente.* Eis uma arte que muita gente desconhece. É que muitas pessoas sempre parecem estar querendo ajudar, corrigindo e negando, sem permitir que o processo psíquico se cumpra calmamente. Seria muito simples se a simplicidade não fosse verdadeiramente a mais difícil das coisas! Tratar-se-ia, em primeiro lugar, da observação de qualquer fragmento da fantasia, em seu desenvolvimento. Nada mais fácil, se não começassem aqui as dificuldades. Pelo que parece, ninguém tem fragmentos de fantasias, ou melhor, elas são de tal modo estúpidas, e por mil razões. É difícil concentrar-se nelas, é tão cansativo! E afinal de contas, o que resultaria de tudo isso? "Nada mais do que", etc. A consciência levanta inúmeras objeções e de fato parece frequentemente ansiosa por apagar a imaginação espontânea, apesar do firme propósito e da intenção de permitir que o processo psíquico se desenrole, sem interferência. Às vezes ocorre um verdadeiro espasmo da consciência.

Quando se é capaz de superar as dificuldades do início, eis que comparece o espírito crítico, tentando interpretar o fragmento da fantasia, classificá-lo, formalizá-lo esteticamente, ou então desvalorizá-lo. A tentação destas manipulações é quase irresistível. Depois de realizar-se cuidadosamente a observação, devemos soltar as rédeas da consciência impaciente, sem o que aparecerão resistências obstrutivas. Mas depois de cada observação da fantasia espontânea é preciso descartar-se novamente da atividade da consciência.

Frequentemente, o resultado imediato de tais esforços não é alentador. Em geral, deparamos com os tênues fios da fantasia, os quais não nos permitem reconhecer com clareza de onde vêm, e para onde vão. As maneiras de obter-se as fantasias também variam de indivíduo para indivíduo. Muitos preferem escrevê-las, outros acham mais fácil visualizá-las, desenhá-las, pintá-las, visualizando ou não. Se o espasmo da consciência for excessivo, somente as mãos conseguem fantasiar, modelando ou desenhando formas que às vezes são totalmente estranhas à consciência.

Esses exercícios devem prosseguir até que o espasmo da consciência desapareça, isto é, até que se consiga deixar as coisas acontecerem por si mesmas, o que representa a meta seguinte do exercício. Deste modo, se cria uma nova atitude, a qual aceita o irracional e incompreensível, simplesmente porque é aquilo que ocorre. Tal atitude seria um veneno para quem estivesse sobrecarregado pelos acontecimentos da vida; mas é da maior importância para quem costuma escolher entre as coisas que lhe ocorrem só aquilo que se adapta à sua consciência, mediante um julgamento consciente, desviando-se assim, aos poucos, da torrente da vida, em remansos de água estagnada.

Aqui, os caminhos parecem separar-se de acordo com os dois tipos anteriormente mencionados. Ambos aprenderam a aceitar o que lhes ocorre (como ensina Mestre Lü Dsu: "Quando as ocupações se nos propõem, devemos aceitá-las; quando as coisas acontecem em nossa vida, devemos compreendê-las até o fundo")[4]. Um receberá principalmente o que lhe vem de fora, e o outro, o que lhe vem de dentro. E segundo a lei da vida determinar, um receberá de fora o que antes nunca recebia, e o outro receberá de dentro a possibilidade antes excluída. Esta conversão do próprio ser significa uma ampliação, elevação e enriquecimento da personalidade, uma vez que os valores iniciais sejam mantidos ao lado da conversão, caso não sejam meras ilusões. Se não forem mantidos com firmeza, o indivíduo sucumbirá à unilateralidade oposta, caindo da aptidão na inaptidão, da adaptabilidade na inadaptabilidade, da sensatez na insensatez, e mesmo da racionalidade na loucura. O caminho não é isento de perigo. Tudo o que é bom é difícil, e o desenvolvimento da personalidade é uma das tarefas mais árduas. Trata-se de dizer sim a si mesmo, de se tomar como a mais séria das tarefas, tornando-se consciente daquilo que se faz e especialmente não fechando os olhos à própria dubiedade, tarefa que de fato faz tremer.

---

4. Op. cit., adiante, p. 123.

O chinês pode invocar a autoridade de sua cultura. Ao ingressar no longo caminho, está fazendo o que é reconhecidamente o melhor, no contexto em que vive. Mas o ocidental que quiser trilhar esse caminho tem tudo contra si: a autoridade intelectual, moral e religiosa vigentes. Por isso, é muito mais fácil para ele imitar o caminho chinês, apartando-se do caminho europeu, tão precário, ou então buscar o caminho de volta à Igreja Cristã medieval; e deverá erguer novamente a muralha europeia que separe os verdadeiros cristãos dos pobres pagãos e outras curiosidades etnográficas, acampados do lado de fora. O namoro estético e intelectual com a vida e com o destino termina abruptamente aqui. O passo que conduz a uma consciência mais alta deixa-nos sem qualquer segurança, com a retaguarda desguarnecida. O indivíduo deve entregar-se ao caminho com toda a sua energia, pois só mediante sua integridade poderá prosseguir e só ela será uma garantia de que tal caminho não se torne uma aventura absurda.

Quer receba seu destino de fora ou de dentro, as vivências e os acontecimentos do caminho são os mesmos. Por isso, nada preciso dizer acerca dos múltiplos acontecimentos externos ou internos, cuja variedade infinita não pode ser abarcada. Em relação ao texto comentado, isso não teria também qualquer importância. Mas muito pelo contrário, há o que dizer a respeito dos estados anímicos que acompanham, em seu decurso, o processo de desenvolvimento. Tais estados se exprimem *simbolicamente* em nosso texto; e esses símbolos são os mesmos que se me tornaram tão familiares através de minha prática analítica.

2
Os conceitos fundamentais

A. Tao

A imensa dificuldade da tradução deste texto e de outros análogos[5], para o europeu, reside no fato de que o autor chinês sempre começa a partir do centro, isto é, do que poderíamos chamar de ápice, meta, ou mesmo do conhecimento mais profundo e último a ser obtido. Mas o nosso autor parte de ideias de tal modo exigentes, que um homem de inteligência crítica sentir-se-ia ridículo e arrogante, para não dizer insensato, se ousasse abordar intelectualmente a mais sutil das experiências anímicas dos maiores espíritos do Oriente. Nosso texto começa deste modo: "O que existe por si mesmo se chama Tao". E o *Hui Ming Ging* começa pelas seguintes palavras: "O segredo mais sutil do Tao é a essência e a vida".

É uma característica do espírito ocidental o fato de não possuir conceito algum para traduzir a palavra Tao. Em chinês, este é representado por dois sinais: "cabeça" e "caminhar". Wilhelm traduz Tao por "sentido"[6]. Outros autores traduzem-no por "caminho", "providência" e os jesuítas, por "Deus". Isto já mostra a dificuldade a que aludimos. "Cabeça" pode ser entendido como algo relativo à

---

5. Cf. LIU HUA YANG. *Hui Ming Ging*, adiante, p. 134s.
6. [Como "caminho", igualmente. Cf. adiante p. 91. Orig. alemão: *Das Geheimnis der Goldenen Blüte*, p. 70.]

consciência[7], e "caminhar" como "ir, deixando caminho para trás", o que corresponde à ideia de "ir conscientemente", ou seguir o "caminho consciente". Assim, emprega-se como sinônimo do Tao a "luz do céu" que, como "coração celeste", "habita entre os olhos". Essência e vida estão contidas na "luz do céu" e constituem, para Liu Hua Yang, os segredos mais importantes do Tao. "Luz" é o equivalente simbólico da consciência, e a essência desta última pode ser expressada por analogias referentes à luz. O *Hui Ming Ging* começa pelos seguintes versos:

> Se quiseres completar o corpo diamantino sem efluxões. Deves aquecer diligentemente a raiz da *consciência*[8] e da vida. Deves *iluminar* a terra bem-aventurada e sempre vizinha e nela deixar sempre escondido teu verdadeiro eu.

Estes versos contêm uma espécie de indicação alquímica, um método ou caminho para a geração do "corpo diamantino", que é mencionado em nosso texto. Para isso, é necessário um "aquecimento", ou seja, uma elevação da consciência, a fim de que a morada da essência espiritual seja "iluminada". Assim, pois, não é apenas a consciência, mas também a *vida* que deve ser elevada ou exaltada. A união de ambas produz a "vida consciente". Segundo o *Hui Ming Ging*, os antigos sábios conheciam o modo de suprimir a separação entre consciência e vida, pois cultivavam as duas. Deste modo o "schêli (corpo imortal) se funde" e se "completa o grande Tao"[9].

Se compreendermos o Tao como método ou caminho consciente, que deve unir o separado, estaremos bem próximos do conteúdo psicológico do conceito. De qualquer modo, a separação de consciência e vida poderá ser perfeitamente compreendida segundo o que

---

7. A cabeça é também o "lugar da luz celeste".
8. "Essência" (sing) e "consciência" (hui) são permutáveis no *Hui Ming Ging* [texto ressaltado por Jung].
9. Cf. adiante, p. 135.

descrevi anteriormente: como extravio ou desenraizamento da consciência. Trata-se também, sem dúvida, da questão de conscientizar os opostos da "conversão" para uma reunificação com as leis inconscientes da vida. A meta dessa unificação é a obtenção da vida consciente, ou, como dizem os chineses: a realização do Tao.

B. O movimento circular e o centro

A união dos opostos[10] num nível mais alto da consciência, como já mencionamos, não é uma questão racional e muito menos uma questão de vontade, mas um processo de desenvolvimento psíquico, que se exprime em *símbolos*. Historicamente, este processo sempre foi representado através de símbolos e ainda hoje o desenvolvimento da personalidade individual é figurado mediante imagens simbólicas. Tais fatos se me apresentaram da seguinte maneira: os produtos das fantasias espontâneas, dos quais já tratamos, se aprofundavam e se concentravam progressivamente em torno de formações abstratas, que parecem representar "princípios", no sentido dos *archai* gnósticos. Quando as fantasias tomam a forma de pensamentos, emergem formulações intuitivas de leis ou princípios obscuramente pressentidos, que logo tendem a ser dramatizados ou personificados. (Voltaremos depois a este ponto.) Se as fantasias forem desenhadas, comparecem símbolos que pertencem principalmente ao tipo do "mandala"[11]. Mandala significa círculo e particularmente círculo mágico. Os mandalas não se difundiram somente através do Oriente, mas também são encontrados entre nós. A Idade Média e em especial a baixa Idade Média é rica de mandalas cristãos. Em geral, o Cristo é figurado no centro e os quatro evangelistas ou seus símbolos, nos pontos cardeais. Esta concepção deve ser muito antiga, porquanto

---

10. Cf. com minhas explanações em: *Psychologische Typen*, V.
11. Para uma discussão mais ampla do mandala, cf. JUNG. *Zur Empirie des Individuationsprozesses*, e *Über Mandalasymbolik und Mandalas*.

Horus e seus quatro filhos foram representados da mesma forma, entre os egípcios[12] (Como se sabe, Horus e seus quatro filhos têm uma relação estreita com Cristo e os quatro evangelistas.). Mais tarde, encontramos um inegável e interessante mandala em Jacob Böhme, em seu livro sobre a alma[13]. É evidente que ele representa um sistema psicocósmico, de forte coloração cristã. É o "olho filosófico"[14], ou o "espelho da sabedoria", denominações estas que mostram de modo claro tratar-se de uma *summa* de sabedoria secreta. A maioria dos mandalas tem a forma de uma flor, de uma cruz ou roda, tendendo nitidamente para o quatérnio, o que lembra o número básico: a *tetraktys* pitagórica. Entre os índios Pueblo os mandalas são desenhados na areia, para uso ritual[15]. Entretanto, os mandalas mais belos são os do budismo tibetano. Os símbolos de nosso texto acham-se representados nesses mandalas. Encontrei também desenhos mandálicos entre doentes mentais, entre pessoas que certamente não tinham qualquer ideia das conexões aqui mencionadas[16].

Algumas de minhas pacientes de sexo feminino não desenhavam, mas dançavam mandalas. Na Índia, isto se chama: mandala *nritya*, que significa dança mandálica. As figurações da dança têm o mesmo sentido que as do desenho. Os próprios pacientes quase nada podem dizer acerca do sentido simbólico dos mandalas, mas se sentem fascinados por eles. Reconhecem que exprimem algo e que atuam sobre seu estado anímico subjetivo.

Nosso texto promete "revelar o segredo da flor de ouro do grande Uno". A flor de ouro é a luz, e a luz do céu é o Tao. A flor de ouro é um

---

12. Cf. WALLIS BUDGE. *The Gods on the Egyptians*.
13. *Viertzig Fragen von der Seele*. [O mandala é reproduzido em: *Zur Empirie des Individuationsprozesses*, frente à p. 316.]
14. Cf. com a representação chinesa da "luz celeste" entre os olhos.
15. MATTHEWS. *The Mountain Cbant*: A Navajo Ceremony e STEVENSSON. *Ceremonial of Hasjelti Dailjis*.
16. O mandala de uma sonâmbula é reproduzido em: *Über die Psycbologie und Pathologie sogenannter okkulter Phänomene* [parágrafo 65].

símbolo mandálico que já tenho encontrado muitas vezes nos desenhos de meus pacientes. Ela é desenhada a modo de um ornamento geometricamente ordenado, ou então como uma flor crescendo da planta. Esta última, na maioria dos casos, é uma formação que irrompe do fundo da obscuridade, em cores luminosas e incandescentes, desabrochando no alto sua flor de luz (num símbolo semelhante ao da árvore de natal). Tais desenhos exprimem o nascimento da flor de ouro, pois, segundo o *Hui Ming Ging,* a "vesícula germinal" é o "castelo de cor amarela", o "coração celeste", os "terraços da vitalidade", o "campo de uma polegada da casa de um pé", a "sala purpúrea da cidade de jade", a "passagem escura", o "espaço do céu primeiro", o "castelo do dragão no fundo do mar"[17]. Ela é também chamada a "região fronteiriça das montanhas de neve", a "passagem primordial", o "reino da suprema alegria", o "país sem fronteiras" e o "altar sobre o qual consciência e vida são criadas". "Se o agonizante não conhecer este lugar germinal", diz o *Hui Ming Ging,* "não encontrará a unidade de consciência e vida nem mesmo em mil nascimentos, ou dez mil éons".

O princípio, no qual tudo ainda é um e que portanto parece ser a meta mais alta, jaz no fundo do mar, na escuridão do inconsciente. Na vesícula germinal, consciência e vida (ou "essência" e "vida", isto é, sing-ming) são ainda "uma só unidade", "inseparavelmente misturada como a semente do fogo no forno da purificação". "Dentro da vesícula germinal está o fogo do soberano". "Todos os sábios começaram a sua obra pela vesícula germinal"[18]. Notem-se as analogias com o fogo. Conheço uma série de desenhos de mandalas europeus, onde aparece uma espécie de semente vegetal envolta em membranas, flutuando na água. A partir do fundo, o fogo sobe e penetra a semente, incubando-a de tal modo, que uma grande flor de ouro cresce da vesícula germinal.

---

17. Cf. adiante, p. 135 [cf. tb. *Tai I Gin Hua Dsung Dschi*, p. 98].
18. Op. cit., adiante, p. 136.

Esta simbólica refere-se a uma espécie de processo alquímico de purificação e de enobrecimento; a escuridão gera a luz e a partir do "chumbo da região da água" cresce o ouro nobre; o inconsciente torna-se consciente, mediante um processo de vida e crescimento (em total analogia com isto, lembremos a kundalini da ioga hindu)[19]. Desse modo, se processa a unificação de consciência e vida.

Quando meus pacientes projetam tais imagens, não o fazem sob sugestão; elas ocorriam muito antes que eu conhecesse seu significado ou suas relações com as práticas do Oriente. Essas imagens brotam espontaneamente de duas fontes. Uma delas é o inconsciente, que produz de modo natural fantasias dessa espécie. A outra fonte é a vida que, quando vivida com plena devoção, proporciona um pressentimento do si-mesmo, da própria essência individual. Ao expressar-se esta última nos desenhos, o inconsciente reforça a atitude de devoção à vida. De acordo com a concepção oriental, o símbolo mandálico não é apenas expressão, mas também atuação. Ele atua sobre seu próprio autor. Oculta-se neste símbolo uma antiquíssima atuação mágica, cuja origem é o "círculo de proteção", ou "círculo encantado", cuja magia foi preservada em numerosos costumes populares[20]. A meta evidente da imagem é traçar um *sulcus primigenius*, um sulco mágico em redor do centro, que é o templo ou *temenos* (área sagrada) da personalidade mais íntima, a fim de evitar uma possível "efluxão", ou preservá-la, por meios apotropaicos, de uma eventual distração devido a fatores externos. As práticas mágicas não são mais do que projeções de acontecimentos anímicos, que refluem sobre a alma como uma espécie de encantamento da própria personalidade, isto é, o refluxo da atenção apoiada e mediada por um grafismo. Em outras palavras, é a participação de uma área sagrada interior, que é a origem e a meta da alma. É ela que contém a unidade de vida e consciência, anteriormente possuída, depois perdida, e de novo reencontrada.

---

19. Cf. AVALON. *The Serpent Power*.
20. Cf. com a excelente coletânea feita por KNUCHEL. *Die Umwandlung in Kult, Magie und Rechtsgebrauch*.

A unidade de vida e consciência é o Tao, cujo símbolo, a *luz branca* central, é semelhante à que é mencionada no *Bardo Tödol*[21]. Esta luz habita na "polegada quadrada", no "rosto", isto é, entre os dois olhos. Trata-se da visualização do "ponto criativo", cuja intensidade é desprovida de extensão, e que deve ser pensada juntamente com o espaço da "polegada quadrada", símbolo daquilo que tem extensão. Ambos, reunidos, são o Tao. A essência ou consciência (sing) se exprime mediante o simbolismo da luz e representa a intensidade. A vida (ming) deverá pois coincidir com a extensão. O caráter da primeira é yang, enquanto que o da segunda é yin. O mandala já mencionado de uma jovem sonâmbula de quinze anos, que observei há trinta anos, tem no centro uma "fonte de energia da vida" sem extensão, cuja emanação espontânea colide com um princípio espacial oposto, em perfeita analogia com a ideia fundamental do texto chinês.

O "aproximar-se circundando", ou *circumambulatio*, exprime-se, em nosso texto, através da ideia de "circulação". Esta última não significa apenas o movimento em círculo, mas a delimitação de uma área sagrada por um lado e, por outro, a ideia de fixação e concentração; a roda do sol começa a girar, isto é, o sol é vivificado e inicia seu caminho; em outras palavras, o Tao começa a atuar e assume a direção. A ação converte-se em não-ação; tudo o que é periférico é subordinado à ordem que provém do centro. Por isso, se diz: "O movimento é outro nome para significar domínio". Psicologicamente, a circulação seria o ato de "mover-se em círculo em torno de si mesmo", de modo que todos os lados da personalidade sejam envolvidos. "Os polos de luz e de sombra entram no movimento circular", isto é, há uma alternância de dia e noite. "A claridade do paraíso se alterna com a mais profunda e terrível das noites"[22].

O movimento circular também tem o significado moral da vivificação de todas as forças luminosas e obscuras da natureza humana,

---

21. EVANS-WENTZ. O *Livro Tibetano dos Mortos*. (org.)
22. [*Fausto*, Prólogo no céu.]

arrastando com elas todos os pares de opostos psicológicos, quaisquer que sejam. Isto significa autoconhecimento através da autoincubação (o *tapas* indu). Uma representação originária e análoga do ser perfeito é o homem redondo de Platão, que reúne os dois sexos.

Encontramos um dos paralelos mais impressionantes em relação ao que acabamos de dizer, na descrição que Edward Maitland, colaborador de Anna Kingsford, esboçou acerca de sua experiência central[23]. Na medida do possível usarei suas próprias palavras. Ele descobrira que ao refletir sobre uma ideia, era como se ideias afins ganhassem visibilidade, em longas séries. Aparentemente, remontavam até sua fonte e esta, para ele, era o espírito divino. Concentrando-se nessas séries, ele tentou avançar até sua origem.

"Eu não dispunha de qualquer conhecimento, nem tinha qualquer expectativa quando me decidi a fazer esta experiência. Simplesmente, estava cônscio dessa capacidade... sentado à minha escrivaninha, pronto para anotar os acontecimentos, segundo as séries em que se sucediam. Resolvi manter a consciência externa e periférica, sem preocupar-me com o distanciamento de minha consciência interna e central. Não sabia se poderia voltar à primeira, caso a deixasse, nem se poderia lembrar-me dos acontecimentos experimentados. Mas finalmente o consegui, com um grande esforço; a tensão provocada pelo esforço de manter os dois extremos da consciência ao mesmo tempo era considerável! No começo senti como se estivesse subindo uma longa escadaria, da periferia para o ponto central de um sistema que, simultaneamente, era o sistema cósmico, o solar e o meu próprio. Os três sistemas eram diversos e, ao mesmo tempo, idênticos... Finalmente, num último esforço... consegui concentrar os raios de minha consciência no foco almejado. Nesse instante, como se uma repentina combustão fundisse todos os raios numa unidade, ergueu-se

---

23. Agradeço esta referência à minha prezada colaboradora Dra. Beatrice Hinkle, de Nova York. O título do trabalho é *Anna Kingsford, Her Life, Letters, Diary and, Work*. Cf. particularmente as p. 129s.

diante de mim uma prodigiosa, inefável *luz branca* e brilhante cuja força era tão intensa que quase caí para trás... Sabendo intimamente que não era necessário perscrutar além dela, decidi certificar-me de novo; tentei atravessar esse brilho que quase me cegava, a fim de ver o que continha. Com grande esforço o consegui... Era a *dualidade do Filho*... o oculto tornara-se manifesto, o indefinido, definido, o não individuado, individuado: Deus como Senhor, que prova através de sua dualidade, que é substância e força, amor e vontade, feminino e masculino, mãe e pai."

Assim, ele considerou Deus como dois em um, da mesma forma que o homem. Além disso, observou algo que é sublinhado em nosso texto, isto é, a "suspensão da respiração". Afirma que a respiração comum cessa, dando lugar a uma respiração interna, como se outra pessoa, alheia a seu organismo físico, respirasse por ele. Acrescenta que tal ser poderia consubstanciar a *"enteléquia"* de Aristóteles, ou o "Cristo interno" do apóstolo Paulo, "a individualidade espiritual e substancial engendrada dentro da personalidade física e fenomênica representando, portanto, o renascimento do homem num plano transcendental".

Esta experiência autêntica[24] contém todos os símbolos essenciais do nosso texto. O próprio fenômeno, isto é, a visão da luz, é uma experiência comum a muitos místicos, e indubitavelmente muito significativa, pois em todas as épocas e lugares compareceu como o incondicionado, reunindo em si a maior força e o sentido mais profundo. Hildegard Von Bingen, personalidade significativa (mesmo deixando de lado sua mística), escreve acerca de uma visão central que teve, bem semelhante à experiência acima citada:

"Desde minha infância", diz ela, "vejo constantemente uma luz em minha alma, mas não com o olhar externo, ou através dos pensamentos

---

24. Essas experiências são autênticas. No entanto, sua autenticidade não comprova que todas as conclusões e convicções que comportam sejam necessariamente saudáveis. Mesmo em casos de doenças mentais deparamos com experiências psíquicas perfeitamente válidas. [Nota do autor, que se encontra na primeira edição inglesa, 1931.]

do coração; os cinco sentidos também não tomam parte nesta visão. A luz que percebo não se localiza, mas é muito mais clara do que uma nuvem transpassada pelo sol. Não consigo distinguir nela nem altura, nem largura ou comprimento [...] O que vejo e aprendo nessa visão perdura por muito tempo em minha memória. Vejo, ouço e sei ao mesmo tempo, e aprendo o que sei num instante [...] Não reconheço nenhuma forma nesta luz, se bem que de vez em quando nela vejo outra luz que, para mim, se chama a luz viva [...] Enquanto a contemplo me rejubilo, e toda a dor e tristeza se desvanecem na minha memória [...]"[25].

Por minha parte, conheço poucas pessoas que tiveram tais vivências por experiência direta. Na medida em que posso alcançar um fenômeno deste tipo, acho que se trata de um estado de consciência agudo, intenso e abstrato, de uma consciência "isenta" (cf. abaixo); como Hildegard indica, tal estado permite a conscientização de campos do acontecer anímico, que de outro modo ficariam encobertos pelo obscuro. O fato de que em conexão com tal experiência haja um desaparecimento frequente das sensações gerais do corpo, indica que é retirada destas últimas sua energia específica; provavelmente, mediante sua transformação, a lucidez da consciência é exaltada. De um modo geral, o fenômeno é espontâneo, aparecendo ou desaparecendo por impulso próprio. Seu efeito é espantoso e quase sempre soluciona complicações anímicas, liberando a personalidade interna de confusões emocionais e intelectuais, e criando assim uma unidade de ser, experimentada em geral como uma "liberação".

A vontade consciente não pode alcançar uma tal unidade simbólica, uma vez que a consciência, nesse caso, é apenas uma das partes. Seu opositor é o inconsciente coletivo, que não compreende a linguagem da consciência. É necessário contar com a magia dos símbolos atuantes, portadores das analogias primitivas que falam ao inconsciente. Só

---

25. *Carta de Hildegard ao monge Wibert von Gembloux sobre suas visões* (do ano de 1171).

através do símbolo o inconsciente pode ser atingido e expresso; este é o motivo pelo qual a individuação não pode, de forma alguma, prescindir do símbolo. Este, por um lado, representa uma expressão primitiva do inconsciente e, por outro, é uma ideia que corresponde ao mais alto pressentimento da consciência.

O desenho mandálico mais antigo que conheço é a "roda do sol" paleolítica, recentemente descoberta na Rodésia. Ela também se baseia no número quatro. Sinais que remontam a uma tal antiguidade da história humana repousam, naturalmente, nas camadas mais profundas do inconsciente e são captados lá, onde a linguagem consciente se revela de uma impotência total. Tais realidades não devem servir de campo para a imaginação, mas sim crescer novamente das profundezas obscuras do esquecimento, a fim de expressar os pressentimentos extremos da consciência, e a intuição mais alta do espírito: *assim se funde a unicidade da consciência presente com o passado originário da vida.*

3
Os fenômenos do caminho

A. A dissolução da consciência

O encontro da consciência individual, estreitamente delimitada, mas de intensa clareza, com a tremenda extensão do inconsciente coletivo representa um perigo, pois o inconsciente tem um efeito dissolvente sobre a consciência. Segundo os ensinamentos do *Hui Ming Ging*, este efeito pertence aos fenômenos peculiares da ioga chinesa. Nesse livro lê-se: "Cada pensamento parcial ganha uma configuração, tornando-se visível pela forma e pela cor. A força total da alma desdobra seus traços"[26]. A ilustração que aparece no livro representa um sábio mergulhado na contemplação, a cabeça circundada de chamas, e dela saem cinco formas humanas que por sua vez se dividem em vinte e cinco formas menores[27]. Tratar-se-ia de um processo esquizofrênico se isso fosse uma situação permanente. Daí a advertência

---

26. Op. cit., adiante, p. 141.
27. Cf. adiante, p. 125. Pertencem a esta etapa de meditação (a quarta) as rememorações de encarnações anteriores.
Primeira etapa de meditação
Concentração da luz.
Segunda etapa de meditação
Começo do renascimento no espaço da força.
Terceira etapa de meditação
Liberação do corpo-espírito para uma existência autônoma.
Quarta etapa de meditação
O centro em meio às circunstâncias.

do *Hui Ming Ging*: "As formas que se configuram através do fogo do espírito são formas e cores vazias. A luz da essência brilha de volta ao originário, que é o verdadeiro".

Podemos então compreender por que se recorre ao "círculo protetor". Este deve impedir a "efluxão", protegendo a unidade da consciência contra a fragmentação provocada pelo inconsciente. A concepção chinesa busca diminuir o efeito dissolvente do inconsciente, descrevendo as "configurações do inconsciente", ou "pensamentos parciais" como "cores e formas vazias" e, deste modo, as despotencia. Tal pensamento atravessa todo o budismo (especialmente o Mahayana) e se intensifica nas instruções aos mortos do *Bardo Tödol* (*Livro Tibetano dos Mortos*), esclarecendo que os deuses benévolos ou malévolos também são ilusões a serem superadas. Estabelecer a verdade ou falsidade metafísica deste pensamento não é, obviamente, da competência do psicólogo. Esta deve contentar-se em determinar na medida do possível sua atuação psíquica. Não deve, portanto, preocupar-se em saber se a figura considerada é ou não uma ilusão transcendental. Isto já é um campo de decisão da fé e não da ciência. De qualquer modo, movemo-nos num domínio que, por muito tempo, foi considerado como algo alheio ao campo científico, sendo por isso considerado uma total ilusão. No entanto, não há nada que justifique cientificamente uma tal posição, dado que a substancialidade destas coisas não constitui um problema científico; essa substancialidade ultrapassa as possibilidades de percepção e do julgamento humanos, não sendo passível de qualquer tipo de prova. Para o psicólogo, não se trata pois da substância destes complexos, mas sim da experiência psíquica. Não há dúvida de que esses conteúdos psíquicos podem ser experimentados, e sua autonomia é indubitável; certos sistemas psíquicos parciais manifestam-se espontaneamente em estados de êxtase, despertando efeitos e impressões muito intensos. No caso de uma perturbação mental, eles podem ser fixados sob a forma de ideias delirantes e alucinações, que destroem a unidade da personalidade.

O psiquiatra tem a tendência de acreditar em toxinas ou coisas parecidas, como sendo os motivos determinantes da esquizofrenia (cisão da mente, na psicose), desatendendo aos conteúdos psíquicos. Nas perturbações psicogênicas como a histeria, as neuroses compulsivas etc., em relação às quais é impossível invocar os efeitos de toxinas ou a degeneração das células, a cisão espontânea dos complexos é comparada, por exemplo, aos estados de sonambulismo. Para Freud, essa cisão poderia ser explicada pela sexualidade reprimida. Tal explicação, porém, não é válida em todos os casos, porquanto a cisão pode desenvolver-se a partir de conteúdos espontâneos do inconsciente, que a consciência não pôde assimilar. Nestes casos, a hipótese da repressão não é adequada. Ainda mais, sua autonomia pode ser estudada na vida cotidiana, nos afetos que, contra a nossa vontade e apesar das enérgicas tentativas de bloqueá-los, dominam o eu, mantendo-o sob o seu domínio. Não é, pois, de admirar-se que o primitivo veja nesses casos um estado de possessão ou de perda da alma. Na linguagem comum dizemos: "Não sei o que hoje tomou conta dele", ou: "Ele parece estar possuído pelo demônio", ou ainda: "Ele está fora de si" etc. No âmbito da prática legal, nas situações passionais (de afetos) é atribuída à pessoa envolvida apenas uma responsabilidade parcial. Os conteúdos anímicos autônomos fazem parte, portanto, de nossa experiência habitual, e têm uma ação desintegradora sobre a consciência.

Além dos afetos comuns e bastante conhecidos, há situações afetivas mais sutis e complexas, que não podem ser descritas como as que até aqui foram assinaladas. Trata-se de sistemas anímicos parciais, tanto mais complicados quanto mais seu caráter se aproxima de uma personalidade. Como elementos constituintes que são de uma personalidade psíquica, por isso mesmo devem ter um caráter marcante de personalidade. Tais sistemas parciais são encontrados, em particular, nas doenças mentais, em casos de cisão da personalidade (dupla personalidade), sendo muito comuns nos fenômenos de mediunidade e também nos fenômenos religiosos. Muitos dentre os primeiros deuses passaram de pessoas a ideias personificadas e, finalmente, a ideias abstratas. Os conteúdos do inconsciente ativado aparecem primeiro como projeção sobre o mundo externo e, no decurso do desenvolvimento espiritual, são gradualmente assimilados pela consciência e transformados em ideias conscientes, perdendo seu caráter originário autônomo e pessoal. Como sabemos, alguns dos velhos deuses tornaram-se, mediante a astrologia, meras qualidades (marcial, jovial, saturnino, erótico, lógico, lunático etc.).

As instruções do *Bardo Tödol* permitem-nos compreender, particularmente, como é grande o perigo de que a consciência seja dissolvida por essas figuras. Sempre de novo, o morto é advertido para que não as tome pela verdade, confundindo sua aparência enganosa com a pura luz branca do Dharmakaya ("o divino corpo da verdade"). Isso significa que não deve projetar a luz *única* da consciência mais alta em figuras concretizadas, de modo a dissolvê-la numa multiplicidade de sistemas parciais autônomos. Se não houvesse tal perigo e se os sistemas parciais não representassem a ameaça de tendências autônomas e desintegradoras, seriam inúteis essas instruções repetidas. Para a alma politeísta e simples do homem oriental, tais instruções significariam quase que o mesmo que a advertência feita ao cristão, no sentido de não ofuscar-se com a ilusão de um Deus pessoal, para não falar na Trindade e nos inúmeros anjos e santos.

As tendências à dissociação caracterizam a psique humana e são inerentes a ela; sem isto, os sistemas psíquicos parciais nunca as teriam cindido, ou melhor, não teriam gerado espíritos ou deuses. A dessacralização de nossa época tão profana é devida ao nosso desconhecimento da psique inconsciente, e ao culto exclusivo da consciência. Nossa verdadeira religião é o monoteísmo da consciência, uma possessão da consciência, que ocasiona uma negação fanática da existência de sistemas parciais autônomos. Mas diferimos dos ensinamentos da ioga budista pelo fato de negarmos até mesmo a possibilidade de experimentar os mencionados sistemas parciais. Isto representa um grande perigo psíquico, pois os sistemas parciais se comportam como quaisquer outros conteúdos reprimidos: induzem forçosamente a atitudes falsas, uma vez que os elementos reprimidos reaparecem na consciência sob uma forma inadequada. Tal fato, evidente nos casos de neuroses, também o é no campo dos fenômenos psíquicos de caráter coletivo. Nosso tempo incorreu num erro fatal, admitindo que os fatos religiosos podem ser criticados intelectualmente. Pensa-se, por exemplo, com Laplace, que Deus é uma hipótese suscetível de um enfoque intelectual, isto é, que pode ser afirmada ou negada. Esquecemos assim completamente que o motivo pelo qual a humanidade crê no *daimon*, nada tem a ver com fatores externos, mas se apoia na percepção ingênua e de poderosa atração interna dos sistemas parciais autônomos. Esse efeito não é eliminado mediante o nome com que é criticado, ou pelo fato de ser considerado falso. O efeito é coletivo e sempre presente; os sistemas autônomos estão constantemente em ação, pois a estrutura fundamental do inconsciente não é afetada pelas oscilações de uma consciência efêmera.

Se negarmos a existência dos sistemas parciais, julgando ser possível superá-los por uma simples crítica do nome, o efeito dos mesmos nem por isso cessará, embora não possamos mais compreendê-los; a consciência também não conseguirá mais assimilá-los. Eles tornar-se-ão um fator inexplicável da perturbação, que atribuímos a algo fora de nós mesmos. A projeção dos sistemas parciais cria uma situação perigosa, uma vez que os efeitos perturbadores são imputados a uma vontade pervertida e externa que, por força, é a de nosso vizinho, *de l'autre côté de la rivière*. Isto desencadeia alucinações coletivas, incidentes de guerra, revoluções; em resumo, psicoses destruidoras de massa.

A loucura é uma possessão por um conteúdo inconsciente que, como tal, não é assimilado pela consciência, nem poderia sê-lo, uma vez que se nega tal tipo de conteúdo. A expressão desta situação, em termos religiosos, seria: "O homem perdeu o temor de Deus e pensa que tudo pode ser julgado de acordo com medidas humanas". Esta *hybris*, que corresponde a uma estreiteza de consciência, é o caminho mais curto para o asilo de loucos[28].

O europeu culto deve simpatizar com estas palavras do *Hui Ming Ging*: "As imagens que se configuram pelo fogo do espírito não são mais do que cores e formas vazias". Isto soa muito a europeu, e parece adequar-se à nossa razão. Congratulamo-nos por haver atingido um tal grau de clareza, deixando para trás todos esses deuses fantasmagóricos. Abandonamos, no entanto, apenas os espectros verbais, *não os fatos psíquicos responsáveis pelo nascimento dos deuses*. Ainda estamos tão possuídos pelos conteúdos psíquicos autônomos, como se estes fossem deuses. Atualmente eles são chamados: fobias, obsessões, e assim por diante; numa palavra, sintomas neuróticos. Os deuses tornaram-se doenças. Zeus não governa mais o Olimpo, mas o plexo solar e produz espécimes curiosos que visitam o consultório médico; também perturba os miolos dos políticos e jornalistas, que desencadeiam pelo mundo verdadeiras epidemias psíquicas.

Por isso, é melhor para o homem ocidental não pensar que compreende, desde o início, tudo ou quase tudo acerca da visão penetrante dos sábios orientais, pois, como já dissemos, poderia tratar-se do "meio correto nas mãos do homem errado". Em lugar de convencer-se de que o *daimon* é uma ilusão, ele deveria experimentar novamente a realidade desta ilusão. Deveria aprender a reconhecer essas forças psíquicas, e não esperar que seus humores, estados nervosos e ideias obsessivas provém de um modo penoso que ele não é o único senhor em sua própria casa. As tendências dissociativas são verdadeiras personalidades psíquicas, de realidade relativa. São reais quando negadas, passando então a ser projetadas. Relativamente reais quando associadas ao campo da consciência ou, em termos religiosos, quando existe um culto, são no entanto irreais, na medida em que a consciência se destaca de seus conteúdos. Este último estágio só é

---

28. Recomendo para a elucidação deste problema o excelente livro de WELLS, H. G. *Christina Alberta's Father* e as *Denkwürdigkeiten eines Nervenkranken*, de Schreiber.

alcançado quando a vida foi vivida de um modo completo e com tal devoção, que já não resta qualquer obrigação vital imprescindível e também já não há desejo que não possa ser sacrificado, para a obtenção do íntimo desapego do mundo. Em relação a isto, é inútil tentar mentir a si mesmo. Somos possuídos por tudo aquilo a que nos apegamos; e quando somos possuídos, algo mais forte do que nós nos possui ("Em verdade vos digo, que daí não saireis até haver pagado a última moeda")[29]. Não é de todo indiferente chamar-se a alguma coisa de "mania", ou de "Deus". Submeter-se a uma mania é reprovável e indigno, mas servir a um Deus é extremamente significativo e promissor, por tratar-se de um ato de submissão a um poder mais alto, invisível e espiritual. A personificação permite-nos reconhecer a realidade relativa dos sistemas parciais autônomos, tornando possível sua assimilação, e também despotencializando as forças selvagens da vida. Lá onde Deus não é reconhecido aparece a mania egocêntrica, e desta provém a doença.

A ioga estabelece o reconhecimento dos deuses como algo de óbvio. Seu ensinamento secreto é endereçado apenas àqueles cuja consciência luta por desembaraçar-se das forças selvagens da vida, a fim de aceder à última e indivisível unidade: o "centro do vazio", onde "habita o deus da vitalidade e do vazio extremos", tal como diz o nosso texto[30]. "Ouvir tal coisa é difícil de ser alcançado em milhares de eons". Certamente, o véu de Maia não pode ser erguido mediante uma simples decisão racional, mas requer uma preparação profunda e penosa: dever-se-á pagar rigorosamente todas as dívidas que se tiver para com a vida. Enquanto houver qualquer apego ou *cupiditas*, o véu não pode ser erguido e não atingiremos a altura de uma consciência livre de conteúdos e de ilusões. Nenhuma habilidade ou fraude poderá suscitá-la magicamente. Trata-se de um ideal que só se cumprirá plenamente na morte. Antes disso, sempre haverá figuras reais ou relativamente reais do inconsciente.

---

29. Mt 5,26 – Bíblia luterana.
30. *Tai I Gin Hua Dsung Dschi*, adiante p. 98; cf. tb. p. 130s.

B. *Animus* e *anima*

Às figuras do nosso texto correspondem não somente os deuses, mas o *animus* e a *anima*. Wilhelm traduz a palavra *"hun"* por *"animus"*. De fato, o conceito de *animus* é adequado a *"hun"*, cujo caráter é composto do sinal para "nuvens", associado ao sinal para "demônio". Hun significa portanto "demônio das nuvens", alto sopro da alma que pertence ao princípio yang e que portanto é masculino. Após a morte, hun se eleva e se torna "schen", "espírito ou deus que se expande e manifesta". A *anima*, denominada "po", se escreve com os caracteres correspondentes a "branco" e "demônio"; é portanto o "fantasma branco", pertence ao princípio yin, à alma corporal ctônica e inferior, que é feminina. Após a morte, ela desce, tornando-se "gui", demônio, frequentemente chamado "aquele que retorna" (à terra): o fantasma ou espectro. O fato de que *animus* e *anima* se separem após a morte, seguindo cada qual seu caminho próprio, mostra que para a consciência chinesa eles representam fatores psíquicos diversos um do outro; embora sejam originalmente "um só ser, único, verdadeiro e atuante", são dois na "casa do criativo". "O *animus* está no coração celeste; de dia, mora nos olhos (isto é, na consciência) e, de noite, sonha a partir do fígado". Ele é o que "recebemos do grande vazio, idêntico pela forma ao começo primevo". A *anima*, pelo contrário, é "a força do pesado e turvo", presa ao coração corporal, carnal. Suas atuações (efeitos) são os "desejos carnais e os ímpetos de cólera". "Quem, ao despertar, se sente sombrio e abatido, está encadeado pela *anima*".

Muitos anos antes que Wilhelm me propiciasse o conhecimento desse texto, eu já usava o conceito de *anima* analogamente ao da definição chinesa[31], excetuando, porém, qualquer pressuposto metafísico. Para o psicólogo, a *anima* não é um ser transcendental, mas algo que se pode experimentar, tal como o define com clareza o texto

---

31. Remeto o leitor à exposição mais completa deste assunto, que se acha no meu livro: *O eu e o inconsciente* [OC, 7/2].

em questão: os estados afetivos são experiências imediatas. Por que, então, se fala de *anima*, e não de simples humores? O motivo é o seguinte: os afetos têm um caráter autônomo e por isso subjugam a maioria das pessoas. No entanto, os afetos também são conteúdos da consciência que podem ser delimitados, isto é, são partes integrantes da personalidade. Assim, pois, têm um caráter pessoal, podendo ser facilmente personificados e o são, ainda hoje, tal como mostrei nos exemplos acima. A personificação não é uma invenção ociosa, porquanto o indivíduo efetivamente excitado não demonstra um caráter indiferente, mas um caráter bem definido e diferente daquele que lhe é habitual. Uma investigação cuidadosa revelou que o caráter afetivo do homem tem traços femininos. Deste fato psicológico deriva a doutrina chinesa da alma-po, e a minha própria concepção de *anima*. Uma introspecção mais profunda ou uma experiência extática revela a existência de uma figura feminina no inconsciente, e daí seu nome feminino: *anima*, psique, alma. Pode-se também definir a *anima* como *imago* ou arquétipo, ou ainda como o depósito de todas as experiências que o homem já teve da mulher. Por isso, a imagem da *anima* é, em geral, projetada numa mulher. Como sabemos, a arte poética frequentemente descreveu e cantou a *anima*[32]. A relação que a *anima* tem com o espectro, na concepção chinesa, é interessante para o parapsicólogo, pois os *controls* mediúnicos são muitas vezes do sexo oposto.

Por mais correta que seja a tradução de "hun" por *animus*, feita por Wilhelm, razões de importância fundamental me levaram a não considerá-la bem adequada à clareza e racionalidade do *espírito* do homem. Preferi, portanto, a expressão "*Logos*". O filósofo chinês é poupado de certas dificuldades que se propõem ao psicólogo ocidental, complicando-lhe a tarefa. A filosofia chinesa, como todas as demais atividades espirituais dos tempos mais remotos, constituem um elemento do mundo exclusivamente masculino. Seus conceitos

---

32. Cf. *Psychologische* Typen, V.

nunca são tomados do ponto de vista psicológico e, portanto, nunca são bastante amplos de modo a aplicar-se também à psique feminina. O psicólogo, porém, não pode ignorar a existência da mulher e sua psicologia própria. Por este motivo preferi traduzir "hun", no homem, por "*Logos*". Wilhelm, em sua tradução, usa a palavra "*Logos*" para traduzir o conceito chinês de "sing", que também pode ser traduzido por "essência" ou por "consciência criativa". Depois da morte, "hun" se transforma em "schen", "espírito", que se aproxima filosoficamente de "sing". Como os conceitos chineses são concepções intuitivas, não possuindo nosso sentido lógico, seu significado só pode ser estabelecido segundo o modo pelo qual são usados, e pela constituição dos caracteres escritos ou ainda pelas relações de "hun" e "schen". "Hun" seria portanto a luz da consciência e a razão do homem provindo originalmente do *Logos spermatikós* de sing e voltando, após a morte, ao Tao, através de schen. A expressão "*Logos*" é aqui particularmente apropriada, uma vez que abarca a ideia de um ser universal, assim como a clareza da consciência e da racionalidade do homem, as quais são muito mais algo de universal do que algo unicamente individual; o Logos também não é pessoal, mas, em seu sentido mais profundo, suprapessoal e assim pois em estreita oposição à *anima*, demônio pessoal, cuja manifestação são os personalíssimos humores (daí, a animosidade).

Considerando estes fatos psicológicos, reservei a expressão *animus* exclusivamente para as mulheres, uma vez que "*mulier non habet animam, sed animum*". A psicologia feminina revela um elemento que corresponde à *anima* do homem; a natureza desse elemento primariamente não afetivo, mas de essência quase intelectual, pode ser caracterizada pela palavra "preconceito". A natureza emocional do homem, e não o "espírito", corresponde ao lado consciente da mulher. O espírito, nela, é a "alma", melhor, o *animus*. E assim como a *anima* do homem consiste, em primeiro lugar, de relacionamentos afetivos de caráter inferior, assim o *animus* da mulher consiste de julgamentos de nível inferior, ou melhor, de opiniões (para um aprofundamento desta passagem, remeto o leitor à obra acima citada, porquanto aqui só menciono o delineamento geral). O *animus* da mulher consiste de uma multiplicidade de opiniões preconcebidas e assim é menos suscetível de personificar-se numa figura; geralmente ele se manifesta num grupo ou numa multidão (Um bom exemplo, na parapsicologia, é o chamado "Imperator" de Mrs. Piper)[33]. O *animus*, em seu nível mais baixo, é um *Logos* primitivo, uma caricatura do espírito diferenciado do homem, do mesmo modo que a *anima*, em seu nível inferior, é uma caricatura do *Eros* feminino. Do mesmo modo que hun corresponde a sing, traduzida por Wilhelm pela palavra "*Logos*", assim o Eros da mulher corresponde a ming: destino, *fatum*, fatalidade, que Wilhelm traduz e interpreta como "Eros". *Eros* é entrelaçamento e Logos, o conhecimento diferenciador, a clara luz. *Eros* é relacionamento; *Logos* é discriminação e desapego. Por isso, o *Logos* inferior da mulher manifesta-se como algo que não se relaciona com coisa alguma, como um preconceito inacessível ou como uma opinião irritante, que nada tem a ver com a natureza essencial do objeto.

Acusaram-me muitas vezes de personificar a *anima* e o *animus* de um modo mitológico. Tal censura só teria razão de ser se fosse provado que eu concretizo esses conceitos para fins psicológicos. Quero esclarecer de uma vez por todas que a personificação não é uma invenção minha, sendo inerente aos fenômenos de que se trata. Seria anticientífico ignorar o fato de que a *anima* é um sistema psíquico parcial, de caráter pessoal. Ninguém dos que me fizeram tal censura hesitou um segundo ao dizer: "Eu sonhei com o senhor X", uma vez que sabe muito bem ter apenas sonhado com uma representação do senhor X. A *anima* nada mais é do que uma representação da natureza pessoal do sistema parcial autônomo de que falamos. O que esse sistema parcial é, do ponto de vista transcendental, ultrapassa os limites da experiência, e portanto o ignoramos.

---

33. Cf. HYSLOP. *Science and a Future Life*. [Leonora Piper, médium americana que atuou de 1890 a 1910 na América do Norte e na Inglaterra, foi estudada por William James, Mrs. Henry Sidgwick, Hyslop e outros. Um grupo de cinco de seus espíritos retores recebeu o nome coletivo de "Imperator".]

Defini a *anima* como uma personificação do inconsciente, e também como uma ponte que leva ao inconsciente, isto é, como uma *função de relação com o inconsciente*. Há um nexo interessante entre o que foi dito e a afirmação do nosso texto de que a consciência (isto é, a consciência pessoal) provém da *anima*. Como o espírito ocidental se coloca inteiramente do ponto de vista da consciência, deve por força definir a *anima* da maneira pela qual eu o fiz. Inversamente, o oriental vê, do ponto de vista do inconsciente, a consciência como um efeito da *anima*! Sem dúvida alguma, a consciência originou-se do inconsciente. No entanto, quase não pensamos neste fato, e daí a nossa tendência constante de identificar a psique com a consciência ou, pelo menos, a considerar o inconsciente como um derivado ou efeito da consciência (por exemplo, lembramos a teoria freudiana da repressão). Contudo, é essencial, pelos motivos acima discutidos, que não se ignore a realidade do inconsciente, e que as figuras a ele pertencentes sejam compreendidas como fatores atuantes. Quem realmente compreende o que significa a realidade psíquica, não precisa temer uma recaída na demonologia primitiva. Quando não se reconhece a dignidade de fatores atuantes e espontâneos das figuras do inconsciente, é possível sucumbir à crença unilateral no poder da consciência, que conduz finalmente a uma tensão aguda. As catástrofes *têm* então de acontecer, porque apesar de toda a consciência foram negligenciados os poderes obscuros da psique. Não somos nós que os personificamos, mas são eles que desde a origem têm uma natureza pessoal. Só quando reconhecermos fundamentalmente este fato, poderemos pensar em despersonalizá-los, isto é, em "subjugar" a *anima*, tal como se exprime em nosso texto.

Surge aqui, de novo, uma tremenda diferença entre o budismo e a atitude espiritual do Ocidente, e, ao mesmo tempo, uma perigosa aparência de concordância. A doutrina ioga rejeita todos os conteúdos da fantasia. Nós fazemos o mesmo. No entanto, o oriental o faz por um motivo muito diferente do nosso. No Oriente, imperam concepções e doutrinas que permitem a plena expressão da fantasia criadora;

lá, é necessário proteger-se contra seu excesso. Nós, pelo contrário, consideramos a fantasia como um pobre devaneio subjetivo. As figuras inconscientes não aparecem, naturalmente, de um modo abstrato, despojadas de todo ornamento. Pelo contrário, elas são engastadas e entrelaçadas num véu de fantasias, de um colorido surpreendente e de uma perturbadora plenitude. O Oriente pode rejeitar essas fantasias, porque há muito que já tirou seu extrato, condensando-as nos ensinamentos profundos de sua sabedoria. Nós, porém, não experimentamos tais fantasias uma só vez, e tampouco extraímos sua quintessência. Ainda temos de recuperar uma larga faixa de vivências experimentais e somente então, quando houvermos encontrado o conteúdo sensato na aparente insensatez, poderemos separar o que é valioso daquilo que não tem valor. Estejamos seguros de que a essência que extrairmos de nossas vivências será diversa da que o Oriente hoje nos oferece. O Oriente chegou ao conhecimento das coisas internas, com um desconhecimento infantil do mundo. Nós, pelo contrário, exploramos a psique e suas profundezas apoiados num enorme e vasto conhecimento da história e da ciência. Atualmente, o saber externo é o maior obstáculo à introspecção, mas a necessidade anímica ultrapassará todas as obstruções. Já estamos construindo uma psicologia, uma ciência que nos dará a chave das coisas que o Oriente só descobriu através de estados anímicos excepcionais!

4
A consciência desprende-se do objeto

Pela compreensão livramo-nos do domínio do inconsciente. Esta é a meta fundamental das instruções do nosso texto. O discípulo é ensinado a concentrar-se na luz da região mais profunda, libertando-se de todos os encadeamentos externos e internos. Sua vontade vital dirige-se então para a consciência vazia de conteúdos, sem que com isso seja anulada a existência de todos os conteúdos. Eis o que diz o *Hui Ming Ging* acerca desse desprendimento:

> Um clarão de luz circunda o mundo do espírito. *Esquecemo-nos uns dos outros,* puros, silenciosos, vazios e onipotentes. O vazio é atravessado pelo brilho do coração celeste. Lisa é a água do mar e a lua se espelha em sua superfície. Apagam-se as nuvens no espaço azul; lúcidas, cintilam as montanhas. *A consciência se dissolve* em contemplação. Solitário, repousa o disco da lua[34].

Esta característica de plenitude ou "plenificação" descreve um estado anímico que talvez se pudesse caracterizar melhor como um desprendimento da consciência em relação ao mundo e como a retirada da mesma para um ponto por assim dizer extramundano. Tal consciência está ao mesmo tempo vazia e não vazia. Ela não se encontra mais *preocupada*, preenchida com as imagens das coisas, mas *apenas as contém*. A abundância anterior do mundo, imediata e premente,

---

34. Cf. adiante, p. 142.

nada perdeu de sua riqueza e maravilha, mas não domina mais a consciência. O apelo mágico das coisas cessou, porque se desenredou o entrelaçamento originário da consciência com o mundo. Não sendo o inconsciente mais projetado, desaparece a *participation mystique* originária com as coisas. Por este motivo, a consciência não é mais dominada por intenções compulsivas, passando a contemplar, tal como exprime de um modo tão belo o texto chinês.

Como isto se dá? (Em primeiro lugar presumimos que o autor chinês não seja um mentiroso; em segundo lugar, supomos que tenha uma mente sã; e em terceiro, que seja um homem de inteligência invulgar.) Para compreender e esclarecer o texto, teremos de fazer certos rodeios. Não se pode abordá-lo de um modo meramente externo e superficial, pois seria mais do que infantil estetizar um tal estado anímico. Trata-se de um efeito que conheço bem através de minha prática médica; é um efeito terapêutico *par excellence* e para obtê-lo me empenho junto a meus discípulos e pacientes: a dissolução da *participation mystique,* termo usado por Lévy-Bruhl, e que designa o sinal característico da mentalidade primitiva[35], genialmente intuído por ele. A *participation mystique* aponta para o grande e indeterminado remanescente da *indiferenciação entre sujeito e objeto*, de tal monta entre os primitivos, que não pode deixar de espantar os homens de consciência europeia. A identidade inconsciente impera quando não há distinção entre sujeito e objeto. O inconsciente, nesse caso, é projetado no objeto, e o objeto introjetado no sujeito, isto é, psicologizado. Animais e plantas comportam-se como seres humanos, os seres humanos também são animais; deuses e espectros animam todas as coisas. O homem civilizado considera-se naturalmente bem acima destas coisas. No entanto, não raro, passa a vida inteira identificado com os pais, com seus afetos e preconceitos, culpando impudicamente os outros pelas coisas que não se dispõe a reconhecer em si mesmo. E guarda também um remanescente da inconsciência

---

35. *Les fonctions mentales dans les sociétés inférieures.*

primitiva da não diferenciação entre sujeito e objeto. Por isso mesmo, é influenciado magicamente por inúmeros seres humanos, coisas e circunstâncias, isto é, sente-se assediado de modo irresistível por forças perturbadoras, muito apreciadas como as dos primitivos; do mesmo modo que estes últimos, necessitam de encantamentos ou feitiços apotropaicos. Ele não manipula mais com amuletos, bolsas medicinais e sacrifícios de animais, porém, com soporíferos, neuroses, racionalismo, culto da vontade etc.

No entanto, se o indivíduo conseguir reconhecer o inconsciente a modo de fator codeterminante, ao lado do consciente, vivendo do modo mais amplo possível as exigências conscientes e inconscientes (isto é, instintivas), então o centro de gravidade da personalidade total deslocar-se-á. Não persistirá no eu, que é apenas o centro da consciência, mas passará para um ponto por assim dizer virtual, entre o consciente e o inconsciente: o *si-mesmo* (*Selbst*). Se a mudança for bem-sucedida, isto significa o fim da *participation mystique*; surge, então, uma personalidade que só sofrerá nos andares inferiores, uma vez que nos andares superiores estará singularmente desapegada, tanto dos acontecimentos penosos quanto dos felizes.

O advento e nascimento dessa personalidade superior é o que tem em mira nosso texto ao falar do "fruto sagrado", do "corpo diamantino", ou de qualquer outra espécie de corpo incorruptível. Estas expressões simbolizam psicologicamente uma atitude que ultrapassa o âmbito das complicações emocionais e dos abalos intensos, implicando, portanto, uma consciência desapegada do mundo. Tenho razões para crer que tal atitude se estabelece depois da primeira metade da vida, constituindo uma preparação natural para a morte. A morte é um acontecimento anímico tão importante como o nascimento e, como este, é parte integrante da vida. O que ocorre com a consciência desligada depois do fim definitivo, eis uma questão à qual o psicólogo não pode responder. Qualquer que seja sua posição teórica, ele teria que ultrapassar, sem a esperança de consegui-lo, os limites de sua competência científica. No máximo, pode indicar que as ideias do nosso texto, em relação à intemporalidade da consciência desligada, se harmonizam com o pensamento religioso de todos os tempos e com a maioria esmagadora da humanidade; quem tirar o corpo dessa questão, sairá da ordem humana ou estará sofrendo alguma perturbação do equilíbrio psíquico. Na qualidade de médico, esforço-me por fortalecer a crença na imortalidade, especialmente quando se trata de pacientes idosos que se defrontam com esse problema, de um modo mais imediato e premente. Segundo uma perspectiva psicológica mais correta, a morte não é um fim, mas uma meta, e a vida se encaminha para a morte, passado o meio-dia.

A filosofia ioga chinesa baseia-se nessa preparação instintiva para a morte como meta, analogamente à meta visada na primeira metade da vida – procriação e propagação da espécie. A segunda meta é a da existência espiritual, mediante a geração e o nascimento de um corpo-alento (*subtle body*), que garante a continuidade da consciência separada. Trata-se do nascimento do homem pneumático, que o homem europeu conhece a partir da Antiguidade, e que ele procura alcançar através de outros símbolos e práticas mágicas, pela fé e conduta cristã. Defrontamo-nos de novo com um fundamento bem diverso daquele que é vigente para o homem oriental. O texto em questão não parece tão alheio à moralidade ascética cristã, mas seria um erro completo supor que com ela se identifica. Nosso texto implica uma civilização milenar, edificada organicamente sobre instintos primitivos, a qual nada tem a ver com a moralidade brutal dos germanos bárbaros, recentemente civilizados que somos. Por isso, os chineses não têm tendência à repressão violenta dos instintos, que envenena nossa espiritualidade, imprimindo-lhe um exagero histérico. O homem que convive com seus instintos também pode destacar-se deles, de um modo natural. A ideia do autodomínio heroico é inteiramente estranha ao espírito do nosso texto, mas nos ocorreria, de modo infalível, se tentássemos seguir literalmente suas instruções.

Nunca devemos esquecer nossos pressupostos históricos. Há pouco mais de mil anos caímos de um politeísmo cru numa religião oriental, altamente desenvolvida, que impeliu o espírito imaginativo de semibárbaros a alturas que não correspondem a seu desenvolvimento espiritual. Para manter de um modo ou de outro essa altura, era inevitável que a esfera do instinto tivesse que ser duramente reprimida. Dessa forma, a prática religiosa e a moralidade assumiram um caráter decididamente brutal, para não dizer maligno. Os elementos reprimidos obviamente não se desenvolveram, mas prosseguiram e ainda prosseguem vegetando no inconsciente, em sua barbárie primitiva. Gostaríamos de escalar as alturas de uma religião filosófica, mas na realidade isto não nos é possível. Crescer nessa direção é o melhor que podemos fazer. A ferida de Amfortas e o dilaceramento fáustico do homem germânico ainda não estão curados. Seu inconsciente ainda permanece carregado de conteúdos que, em primeiro lugar, deverão ser trazidos à tona da consciência, para que a libertação seja possível. Há pouco tempo recebi a carta de uma antiga paciente, descrevendo de um modo simples, mas acertado, a transformação necessária. Diz ela: "Do mal, muito me veio de bem. Conservar a calma, nada reprimir, permanecendo atenta e aceitando a realidade – tomando as coisas como são, e não como eu queria que fossem – tudo isso me trouxe um saber e poder singulares, como nunca havia imaginado. Sempre pensara que, ao aceitar as coisas, elas me dominariam de um modo ou de outro; mas não foi assim, pois só aceitando as coisas poderemos assumir uma atitude perante elas (Anulação da *participation mystique*!). Agora jogarei o jogo da vida, aceitando aquilo que me trazem o dia e a vida, o bem e o mal, o sol e a sombra, que mudam constantemente. Desta forma, estarei aceitando meu próprio ser, com seu lado positivo e seu lado negativo. Tudo se tornará mais vivo. Como fui tola! Eu pretendia forçar todas as coisas, segundo minhas ideias!"

Somente uma atitude como essa, que não renuncia a qualquer dos valores adquiridos no curso do desenvolvimento do cristianismo, mas que, pelo contrário, aceita com amor e paciência o aspecto mais insignificante da própria natureza possibilitará um nível mais alto da consciência e da cultura. Tal atitude é religiosa em seu sentido mais verdadeiro e, portanto, terapêutica, uma vez que todas as religiões são terapias para as tristezas e perturbações da alma. O desenvolvimento do intelecto e da vontade ocidentais propiciou-nos uma aptidão quase diabólica para macaquear essa atitude, com aparente sucesso, apesar dos protestos do inconsciente. Mas é só uma questão de tempo, e a posição contrária impor-se-á de algum modo, com toda a crueza. Macaquear uma atitude produz sempre uma situação de instabilidade, que o inconsciente pode subverter de uma hora para outra. Só encontramos uma base segura quando respeitamos as bases instintivas do inconsciente, e também o ponto de vista da consciência. Mas não nos enganemos: a necessidade de levar em consideração o inconsciente é fortemente contrária ao culto cristão-ocidental da consciência, particularmente no que se refere ao protestantismo. No entanto, apesar de o *novo* sempre parecer inimigo do antigo, quem tiver o desejo de uma compreensão mais profunda, descobrirá que, sem uma aplicação mais séria dos valores cristãos já adquiridos, o *novo* jamais poderá estabelecer-se.

5
A realização (plenificação)

O conhecimento crescente que se tem do espírito oriental pode ser considerado como a expressão simbólica do relacionamento com o estranho em nós mesmos. Seria uma tolice completa renegar nossas bases históricas, sem falar no perigo de que seria este o melhor modo de provocar um novo desenraizamento. Apenas nos mantendo com firmeza na própria terra, poderemos assimilar o espírito do Oriente.

Diz Gu De: "As pessoas mundanas perderam as raízes e se atêm às copas das árvores", referindo-se aos que não sabem onde estão as verdadeiras fontes da força secreta. O espírito do Oriente nasceu da terra amarela, e assim o nosso espírito pode e deve nascer da nossa própria terra. É este o motivo pelo qual eu me acerco destes problemas de um modo que me valeu muitas vezes a censura de "psicologismo". Se por isso se entendesse "psicologia", sentir-me-ia lisonjeado, uma vez que é meu intuito afastar decididamente a pretensão metafísica de todos os ensinamentos secretos; o desejo oculto de obter poder através das palavras não suporta a ignorância profunda que deveríamos ter a modéstia de reconhecer. Deliberadamente, faço o possível para trazer à luz da compreensão psicológica certas coisas que soam de um modo metafísico, a fim de evitar que as pessoas acreditem em obscuras palavras de poder. Todo cristão convicto deve *crer*, porque assumiu tal dever. Mas quem não o é, perdeu por sua própria culpa a graça da fé. (Talvez tenha sido condenado a não crer desde que nasceu, para somente poder saber.) E não deve também acreditar em algo diferente. É impossível compreender metafisicamente, mas tão só psicologicamente. Assim pois, dispo as coisas de seu aspecto metafísico, para torná-las objeto da psicologia. Deste modo, pelo menos consigo extrair delas algo de compreensível para integrá-lo, captando também fatos e processos psicológicos anteriormente ocultos em símbolos que ultrapassavam minha compreensão. Dessa forma, posso percorrer um caminho semelhante ao da fé, tendo experiências similares, e se houver no fundo de tudo isso algo de inefavelmente metafísico, é a melhor ocasião para que se revele.

Minha admiração pelos grandes filósofos do Oriente é tão indubitável, quanto irreverente minha posição relativamente à sua metafísica[36]. Suspeito de que fazem psicologia simbólica e seria um erro, portanto, tomá-los literalmente. Se se tratasse de metafísica, tal como pretendem, nada seria mais inútil do que tentar compreendê-los. Tratando-se, porém, de psicologia, não só poderemos compreendê-los, como também tiraremos um grande proveito disso, porquanto essa assim chamada "metafísica" tornar-se-á experimental. Se aceito que Deus é absoluto, ultrapassando qualquer possibilidade da experiência humana, isto me deixa indiferente. Não atuo sobre ele, nem ele sobre mim. Mas se, pelo contrário, sei que é um poderoso impulso da minha alma, posso tratar com ele; tornar-se-á importante, talvez de um modo desagradável, na prática (por mais banal que isto possa soar), como tudo aquilo que se manifesta na esfera do real.

A palavra depreciativa "psicologismo" atinge apenas os tolos que julgam ter a alma no bolso. É verdade que há uma multidão deles, pois a desvalorização de tudo o que diz respeito às "coisas anímicas" constitui um preconceito tipicamente ocidental, por mais grandiloquentes que sejam as referências à "alma". Quando emprego a expressão "complexo anímico autônomo", meu público já tem um preconceito formado: "nada mais do que um complexo anímico". Mas como se pode estar tão seguro de que a alma "não é nada mais

---

36. Os filósofos chineses, ao contrário dos ocidentais com seu dogmatismo, sentem-se gratos por uma tal atitude, uma vez que são senhores de seus próprios deuses (R.W.).

do que"? Tudo se passa como se as mencionadas pessoas não soubessem, ou então se esquecessem de que tudo aquilo que se torna consciente é *imagem* e de que *imagem é alma*. Julgam depreciativo considerar Deus como o movido e o que move no âmbito da alma, como um "complexo autônomo", e no entanto são invadidos por afetos incontroláveis e por estados neuróticos, diante dos quais toda a sua vontade e sabedoria fracassam de um modo lamentável. Será isso uma prova da impotência da alma? Dever-se-á acusar Mestre Eckhart de "psicologismo" por haver dito: "Deus deve nascer sempre de novo em nossa alma?" Na minha opinião deve-se acusar de "psicologismo" ao intelecto que nega a natureza verídica do complexo autônomo, procurando explicá-lo racionalisticamente como a consequência de fatos conhecidos, isto é, como algo de derivado. Este juízo é tão arrogante quanto a posição "metafísica" que confia a uma divindade, que ultrapassa os limites do humano e de toda experiência, a responsabilidade de nossos estados anímicos. O psicologismo é simplesmente a contrapartida do abuso metafísico, e tão infantil quanto ele. Parece-me, portanto, mais razoável atribuir à alma a mesma validez que ao mundo empírico, admitindo que a primeira possui tanta "realidade" quanto o segundo. Para mim, a alma é um mundo no qual o eu está contido. Talvez haja peixes que acreditem conter o mar. Devemos livrar-nos dessa ilusão comum, se quisermos considerar as afirmações metafísicas de um ponto de vista psicológico.

A ideia do "corpo diamantino", do corpo-alento incorruptível que nasce na flor de ouro, ou no espaço da polegada quadrada[37], é

---

37. Nosso texto deixa em aberto, de certo modo, a questão acerca da "continuação da vida": trata-se de uma continuação da vida depois da morte, ou de um prolongamento da existência física? Expressões tais como "elixir da vida" ou coisas parecidas também são capciosas, obscuras. Em apêndices ao texto, que a ele foram agregados ulteriormente, torna-se claro que as instruções da ioga são compreendidas em um sentido puramente físico. Para o espírito primitivo nada há de estranho na mistura, para nós insólita, de coisas físicas e espirituais; vida e morte não são opostos absolutos, tais como o são para nós (Particularmente interessante, a este respeito, ao lado do material etnológico, são as "comunicações" dos *rescue circles* ingleses, com suas representações arcaicas). A mesma ambiguidade no tocante à sobrevivência *post-mortem* também é notória no cristianismo primitivo; neste, a

uma dessas afirmações metafísicas. Esse corpo é, como os demais, um símbolo de um fato psicológico muito importante, o qual, por ser objetivo, aparece primeiramente projetado em formas dadas através de experiências da vida biológica: fruto, embrião, criança, corpo vivente, etc. Tal fato, pode expressar-se melhor pelas palavras: *Não sou eu que vivo, mas sou vivido.* A ilusão de preponderância consciente faz-me acreditar que sou eu quem vive. Mas se esta ilusão for abalada pelo reconhecimento do fator inconsciente, este último aparece então como algo de objetivo, no qual o eu está incluso; tal atitude é um pouco semelhante à do homem primitivo, que considera seu filho a garantia da continuação de sua própria vida; sentimento que pode revestir-se de aspectos grotescos, como no caso do velho negro que, indignado com a desobediência do filho, exclamou: "Aí está ele, com meu corpo, e nem sequer me obedece!"

Trata-se de uma mudança do sentimento interno, semelhante à que experimenta um pai, cujo filho nasceu; mudança que conhecemos através do testemunho do Apóstolo Paulo: "Não sou eu mais quem vive, mas é Cristo que vive em mim"[38]. O símbolo "Cristo", como "Filho do Homem", é uma experiência psíquica análoga à de

---

imortalidade parece de um pressuposto semelhante ao da representação de um "corpo-alento", que seria o suporte essencial da vida. (A teoria parapsicológica de Geley poderia ser considerada como uma espécie de renascimento desta representação arcaica.) Em passagens do nosso texto, não faltam advertências contra seu uso supersticioso, tal como por exemplo o desejo de fabricar ouro. Assim, pois, não há qualquer contradição em insistir calmamente no sentido espiritual das mencionadas instruções. Os estados aos quais as instruções parecem induzir o corpo físico desempenham um papel cada vez mais secundário, porquanto o corpo físico é substituído pelo "corpo-alento" (daí a importância do controle respiratório nos exercícios da ioga). O "corpo-alento" não é algo de "espiritual", no sentido que damos a esta última palavra. É uma característica do homem ocidental haver cindido o físico e o espiritual, por motivos epistemológicos. Mas este par de opostos coexiste na psique e a psicologia deve reconhecer tal fato. "Psíquico" significa físico e espiritual. As representações do nosso texto movem-se no mundo intermediário, que nos parece obscuro e confuso, devido ao nosso conceito de uma *realidade psíquica*. Esta não é devidamente aceita entre nós, embora exprima uma esfera própria da vida. Sem a alma, o espírito é tão morto quanto a matéria, pois ambos são abstrações artificiais; na visão originária, o espírito é considerado como um corpo volátil e não falta alma à matéria.

38. [Gl 2,20.]

um ser espiritual mais alto que nasce do indivíduo, corpo pneumático que nos servirá de morada futura. Na expressão de Paulo, esse corpo cobre-nos como uma veste ("vós que vos revestistes de Cristo")[39].

Naturalmente, é sempre muito problemático exprimir em termos intelectuais sentimentos sutis que são, no entanto, muito importantes para a vida e o bem-estar do indivíduo. Em certo sentido, trata-se de sentir que somos "substituídos", sem ser "destituídos". É como se o rumo dos assuntos da vida se deslocasse em direção a um lugar central e invisível. A metáfora de Nietzsche: "livre na mais amorosa das prisões", caberia muito bem aqui. A linguagem religiosa é rica de imagens que exprimem esta livre dependência, esta calma aceitação.

Vejo nesta experiência impressionante uma consequência do desprendimento da consciência, graças ao qual o "eu vivo" subjetivo se transforma no objetivo "sou vivido". Esta situação é experimentada como algo de superior em relação à primeira; é realmente como que um libertar-se da compulsão e da responsabilidade absurdas, que são consequências inevitáveis da *participation mystique*. Este sentimento de libertação, tão pleno em Paulo, é a consciência de sua filiação divina, que o liberta do encadeamento do sangue. Este é também o sentimento de reconciliação com tudo o que acontece, pois segundo o *Hui Ming Ging*, o olhar daquele que atinge a realização ou plenificação se volta para o esplendor da natureza.

No símbolo paulino de Cristo, as experiências supremas do Ocidente e do Oriente se tocam: Cristo, o herói carregado de dores e a flor de ouro que floresce na sala purpúrea da cidade de jade. Que contraste! Que diferença impensável, que abismo da história! Problema digno de coroar a obra de um futuro psicólogo!

Ao lado dos grandes problemas religiosos do presente há um, tão pequeno quanto esquecido: o do progresso do espírito religioso. Para discuti-lo, teremos de ressaltar a diferença entre Oriente e Ocidente,

---

39. [Gl 3,27; cf. tb. Rm 13,4.]

quanto ao modo de tratar a "joia", isto é, o símbolo central. O Ocidente enfatiza a encarnação humana, a personalidade e historicidade do Cristo, ao passo que no Oriente se diz: "sem começo, sem fim, sem passado, sem futuro"[40]. O cristão subordina-se à pessoa divina e superior, à espera de sua graça; mas o oriental sabe que a redenção depende de sua própria obra. O Tao em sua totalidade cresce a partir do indivíduo. A *imitatio Christi* tem esta desvantagem: ao longo do caminho cultuamos, como um exemplo divino, um homem que encarnou o sentido mais profundo da vida e, presos a esta imitação, esquecemos de realizar nosso mais alto sentido. Mas não é de todo inconveniente renunciar ao próprio sentido. Se Jesus o tivesse feito, provavelmente, ter-se-ia tornado um carpinteiro respeitável e não um religioso rebelde que, provavelmente, sofreria hoje o mesmo que sofreu em sua época.

A imitação de Cristo poderia muito bem ser compreendida em seu sentido mais profundo como a obrigação de realizar, com a mesma coragem e o mesmo autossacrifício de Jesus, a convicção mais autêntica e essencial da própria vida. Felizmente, nem todos têm a missão de serem condutores da humanidade, ou grandes rebeldes; dessa forma, cada um poderá realizar-se a seu modo. Tal honestidade poderia mesmo constituir um ideal. Já que as grandes novidades sempre começam nos lugares mais improváveis, o fato de que as pessoas não se envergonhem, atualmente, tanto de sua nudez quanto há tempos atrás, pode significar o começo de se assumirem corajosamente, tais como são. Isto será talvez o ponto de partida do reconhecimento crescente de muitas coisas que já foram tabus, pois a realidade da terra não permanecerá velada para sempre, como as *virgines velandae* de Tertuliano. O desmascaramento moral é um passo a mais na mesma direção e se atinge a realidade ao confessar-se alguém ser quem é. Se o fizer de um modo carente de significado, é um tolo desajeitado. Mas se compreender o sentido do que está fazendo, tornar-se-á um homem superior,

---

40. *Hui Ming Ging*, adiante, p. 142.

e, apesar do sofrimento, realizará o símbolo de Cristo. Já se observou muitas vezes que tabus puramente concretos ou ritos mágicos, numa primeira etapa religiosa, se tornaram na seguinte uma questão anímica, ou então símbolos puramente espirituais. Uma lei externa torna-se no decurso do tempo uma convicção interna. Pode ser que o homem protestante, o qual ainda vive a pessoa de Jesus no âmbito da história, passe a vivê-lo como o homem superior que o habita. Desse modo, alcançaria-se de um modo europeu o estado psicológico que corresponde ao iluminado, na concepção oriental.

Tudo isto representa um degrau no processo de desenvolvimento de uma consciência mais alta da humanidade, que se encontra a caminho de metas desconhecidas, e não metafísicas em seu sentido usual. Antes de tudo, nessa extensão, trata-se apenas de "psicologia", mas também nessa mesma extensão trata-se de algo experimentável, compreensível e – graças a Deus – real, de uma realidade com a qual podemos tratar, viva e rica de pressentimentos. O fato de que eu me contente com o que é psiquicamente experimentável e rejeite o metafísico não implica, como qualquer pessoa inteligente poderá compreender, um gesto de ceticismo ou de agnosticismo dirigido contra a fé e a confiança em poderes mais altos, mas significa aproximadamente o que Kant pretendeu dizer, referindo-se à "coisa em si", ao designá-la como um "conceito-limite meramente negativo". Dever-se-ia evitar qualquer afirmação acerca do transcendental, uma vez que isso representa apenas uma presunção ridícula de um espírito humano inconsciente de suas limitações. Portanto, ao designar-se Deus ou o Tao como um impulso ou estado da alma, com isso só se diz algo sobre o cognoscível, e nada sobre o incognoscível; acerca deste último, até agora, nada foi descoberto.

6
Conclusão

A finalidade deste comentário é a tentativa de estabelecer a ponte de uma compreensão íntima e anímica entre Ocidente e Oriente. A base de toda a compreensão verdadeira é o homem, e por isso, tive de falar de coisas humanas. Que me perdoem, portanto, por ter tratado apenas dos aspectos gerais, sem entrar em detalhes técnicos. As instruções técnicas são preciosas para os que sabem o que é uma máquina fotográfica, ou um motor a gasolina, mas são totalmente inúteis para quem não os conheça. O homem ocidental – e é para ele que escrevo – se acha nesta situação. Achei, por este motivo, preferível ressaltar, acima de tudo, a concordância entre os estados psíquicos e o simbolismo de Oriente e Ocidente. Tais analogias abrem um caminho que conduz às câmaras interiores do espírito oriental, caminho este que não pede o sacrifício de nossa própria maneira de ser. Isto sim, seria uma ameaça de desenraizamento. Mas essas analogias também não são um telescópio ou microscópio intelectuais, que abrissem uma perspectiva indiferente, pelo fato de nada representarem de fundamental. Trata-se do caminho do sofrimento, busca e luta, comum a todos os povos civilizados; trata-se da tremenda experiência da natureza de tornar-se consciente, outorgada à humanidade, e que une as culturas mais distantes numa tarefa comum.

A consciência ocidental não é a única forma existente de consciência; ela é condicionada histórica e geograficamente, e só representa uma parcela da humanidade. A ampliação de nossa consciência não deve se processar à custa de outras formas de consciência, mas deve proceder do desenvolvimento daqueles elementos de nossa psique, análogos aos da psique estrangeira.

Do mesmo modo, o Oriente não pode abster-se de nossa técnica, ciência e indústria. A invasão europeia do Oriente foi um ato de violência em grande escala e nos legou – *noblesse oblige* – a obrigação de compreender o espírito do Oriente. Isto é talvez mais importante para nós do que parecemos pressentir.

Exemplos de mandalas europeus

Os quadros nasceram com o tratamento dos pacientes da maneira como vêm mencionados no texto. O mais antigo é de 1916. Todos os quadros surgiram espontaneamente, sem a menor influência oriental. Os hexagramas I Ging do quadro n. 4 derivam da leitura da tradução de James Legge do livro *Sacred Books of the East*, mas foram introduzidos no quadro somente porque seu conteúdo parecia de suma importância para a vida da paciente (de formação acadêmica). Nenhum dos mandalas europeus que conheço e dos quais possuo quantidade bastante grande, atinge a harmonia e perfeição, consolidadas convencional e tradicionalmente, dos mandalas orientais. Por isso, escolhi entre a variedade infinda de mandalas europeus, dez quadros que, globalmente considerados, podem ao menos ilustrar claramente o paralelismo da filosofia oriental com a formação inconsciente de ideias dos europeus.

1. ♀ A flor de ouro apresentada como a mais esplêndida das flores.

2. ♀ No centro, a flor de ouro, dela se irradiando peixes como símbolos da fertilidade (correspondendo aos belemnites do mandala lamaico).

3. ♂ Flor brilhante no meio, com estrelas girando ao redor.
Em volta da flor, muro com oito torres.
O todo concebido como janela transparente.

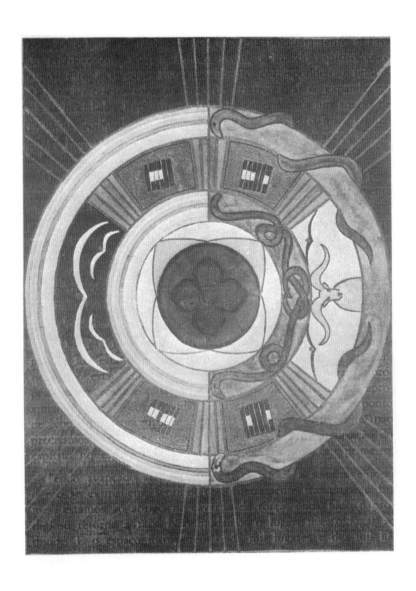

4. ♀ Separação entre mundo da luz e da terra (pássaro e serpente). No centro, flor com estrela dourada.

5. ♀ Separação entre mundo claro e escuro, entre alma celeste e terrestre.
No centro, representação da contemplação.

6. ♂ No centro, a luz branca brilhando no céu; na primeira circunferência germes de vida protoplasmáticos; na segunda, princípios cósmicos giratórios que contêm as quatro cores básicas; na terceira e quarta, forças criadoras atuando para dentro e para fora.
Nos pontos cardeais, as almas ♂ e ♀, separadas novamente pelo claro e escuro.

7. ♀ Representação da *tetraktys* no movimento circular.

8. ♀ A criança na vesícula germinal com as quatro cores básicas, concebida dentro do movimento circular.

9. ♀ No centro, vesícula germinal com figura humana, alimentada por vasos sanguíneos que têm sua origem no cosmo.
O cosmo gira em torno do centro que atrai suas emanações.
Na parte externa há um tecido nervoso, significando que o processo se realiza no *plexus solaris*.

10. ♂ Mandala como cidade fortificada com trincheiras e fossos. Na parte interna um fosso mais largo, que circunda uma muralha com 16 portas que, por sua vez, é seguida de um fosso. Este encerra um castelo central com telhados de ouro e cujo centro é um templo de ouro.

TEXTO E COMENTÁRIOS
de Richard Wilhelm

Prefácio à quinta edição

À presente edição deste livro foi acrescentada a tradução de mais um texto de meditação, provindo de uma tradição semelhante e que foi publicada em chinês juntamente com *O segredo da flor de ouro*. Este breve prefácio ao texto foi escrito por Richard Wilhelm, em 1926: "*O Hui Ming Ging* ou livro da Consciência e da Vida foi editado por Liu Hua Yang, em 1794. Natural de Hukou, Província de Kiangsi, Liu Hua Yang tornou-se posteriormente monge no Claustro da Dupla Flor de Loto (Schuang Liën Sï), na Província de Anhui. A tradução foi baseada numa nova edição, aparecida em 1921, que alguém, sob o pseudônimo de Hui Dschen Dsï (aquele que se tornou consciente da Verdade), imprimiu juntamente com *O segredo da flor de ouro*, numa tiragem de mil exemplares.

A obra reúne instruções budistas e taoistas de meditação. A concepção fundamental consiste no pressuposto de que, pelo nascimento, as duas esferas anímicas do consciente e do inconsciente são separadas uma da outra. O consciente é o elemento da diferenciação individual e o inconsciente, o elemento da união cósmica. O princípio da obra se baseia na integração de ambos os elementos, pelo caminho da meditação. O inconsciente deve ser como que fecundado pela submersão do consciente, deve ser trazido à consciência; juntamente com o consciente assim ampliado, acede então a um plano de consciência suprapessoal, na forma de um renascimento espiritual. Tal renascimento determina primeiro uma contínua diferenciação interior do estado de consciência, a modo de formas de pensamento que se tornam independentes. No entanto, o desfecho da meditação leva necessariamente à dissolução de todas as diferenças numa unidade última e vital, sem dualidade".

A tradução apareceu naquela época, no terceiro Caderno das Folhas Chinesas sobre Ciência e Arte, Darmstadt, 1926, p. 104- 114. L.C. Lo é apontado como seu tradutor. O Dr. Lo foi um colaborador de Richard Wilhelm, além de ter sido secretário no Instituto da China, em Frankfurt am Main. A referida tradução foi estimulada por Richard Wilhelm, que a refundiu, aproximando bastante a presente redação do estilo da tradução de *O segredo da flor de ouro*. Uma vez que as Folhas Chinesas tiveram uma edição muito restrita, parecia oportuno tornar o texto acessível a um número mais vasto de leitores.

S.W.

Origem e conteúdo do Tai I Gin Hua Dsung Dschi

I. Proveniência do livro

O livro provém de um círculo esotérico da China. Foi transmitido oralmente durante muito tempo, e depois através de manuscritos; a primeira data de impressão remonta à época de Kiën-Lung (século XVIII). Por fim, em 1920, foi reimpresso em Pequim, aparecendo numa edição de 1.000 exemplares, juntamente com o *Hui Ming Ging*; sua distribuição limitou-se a um pequeno círculo de pessoas que, segundo o editor, eram capazes de compreender as questões discutidas no livro. Foi assim que me chegou às mãos um exemplar. A nova edição e a divulgação do opúsculo são devidas a um novo despertar de correntes religiosas num momento em que a China atravessava um estado de penúria política e econômica. Surgiram várias seitas esotéricas, cuja meta era alcançar um estado anímico que libertasse o homem de todas as misérias da vida, através de exercícios práticos oriundos das antigas tradições secretas. Como métodos, eram empregados na China, além das habituais sessões mediúnicas, nas quais se estabelece uma conexão direta com a *planchette*[1] (o lápis-espírito voador, segundo a expressão chinesa), a magia escrita, a oração,

---

1. É extremamente curioso que o divulgador deste texto tenha usado a *planchette* para escrever o prólogo de Lü Dsu, adepto, que viveu na dinastia Tang, e ao qual remontam estes ensinamentos. Este prólogo se desvia bastante dos pensamentos do presente livro; é trivial e insignificante, como a maioria das produções desse tipo.

o sacrifício etc. Paralelamente, há uma orientação esotérica que se voltou decididamente para o método psicológico da meditação, isto é, a prática da ioga. Seus seguidores quase sempre alcançam a vivência do centro – à diferença daqueles "iogues" europeus para quem esses exercícios orientais não passam de um esporte. Podemos afirmar que no primeiro caso se trata, no tocante ao estado de alma chinês, de um método perfeitamente seguro para a obtenção de determinadas vivências anímicas (O estado de alma chinês, como C.G. Jung mostra muito bem, era essencialmente diverso daquele que correspondia ao estado de alma europeu sob alguns aspectos fundamentais, pelo menos até há bem pouco tempo). Além da libertação dos grilhões de um mundo exterior ilusório, as diversas seitas têm outras metas. O mais alto grau, através dessa libertação de base meditativa, tende para o nirvana budista, ou então prepara a possibilidade de continuação da vida depois da morte, não como decomposição no decaído mundo das sombras, mas como espírito consciente; é isto que propõe o presente texto, conectando o princípio espiritual do homem com forças psicogênicas correspondentes. Muitas vezes também, em conexão com isto, há certas linhas de orientação que, através desse tipo de meditação, procuram influenciar psiquicamente alguns processos vitais vegetativo-animais (na Europa falaríamos neste caso de processos do sistema glandular endócrino). Mediante tais influências psíquicas deve-se obter um fortalecimento, rejuvenescimento e normalização do processo vital como uma forma de superação da morte, de modo a inseri-la harmonicamente, a modo de uma conclusão do processo da vida: o corpo terrestre será então abandonado pelo princípio espiritual (apto para prosseguir uma vida independente no corpo espiritual criado por seu sistema energético), tal como ocorre com a cigarra ao abandonar sua casca seca. Nos níveis mais baixos dessas seitas ocorrem tendências à obtenção de forças mágicas, à capacidade de expulsar maus espíritos e doenças; neste caso, os talismãs, as palavras mágicas escritas ou faladas desempenham o seu papel. Eventualmente, isso pode ocasionar psicoses coletivas, que são desencadeadas nos períodos de inquietação religiosa ou político-religiosa (como no caso do movimento *boxer*). Recentemente, a tendência sincretista do taoismo mostra-se no fato de que suas instituições acolhem os adeptos das cinco religiões universais (confucionismo, taoismo, budismo, islamismo, cristianismo; às vezes o judaísmo também é mencionado), sem que os novos membros sejam obrigados a desligar-se de suas comunidades religiosas.

Tendo esboçado sucintamente o cenário do qual partem tais movimentos em nossos dias, devemos ainda acrescentar uma breve palavra acerca das fontes das quais provêm os ensinamentos deste livro. Somos então levados a descobertas surpreendentes. Esses ensinamentos são muito mais antigos do que sua formulação escrita. Apesar do *Tai I Gin Hua Dsung Dschi*[2] ter sido rasteado até o século XVII, sob a forma de impressão em pranchas de madeira (e o compilador descreve o modo pelo qual encontrou um exemplar incompleto dessa época na Liu Li Tschang, rua dos antiquários e dos vendedores de livros antigos de Pequim, que completou mais tarde com a ajuda do livro de um amigo), a tradição oral remonta à religião do Elixir de Ouro da Vida (Gin Dan Giau), surgida na época Tang, no decorrer do século VIII. Como seu fundador é citado o conhecido adepto taoista Lü Yen (Lü Dung Bin), que a lenda popular consagrou mais tarde entre os oito imortais, e em torno do qual, no decorrer do tempo, se teceu uma abundante coroa de mitos. Esta comunidade conheceu uma grande expansão na época Tang, quando todas as religiões autóctones e estrangeiras eram toleradas e praticadas. Com o passar do tempo, no entanto, a comunidade a que nos referimos sofreu reiteradas perseguições por parte de um governo hostil, pois seus membros foram acusados de atividades políticas secretas (desde o início, como já dissemos, ela foi uma religião esotérica e secreta). A última perseguição,

---

2. *O segredo da flor de ouro* (Tai I Gin Hua Dsung Dschi), cujo título foi mudado para "Tschang Schong Schu" ("A arte de prolongar a vida humana") na edição chinesa tomada como modelo.

extremamente cruel, foi movida pelo governo manchu[3], pouco antes de sua própria queda. Grande parte de seus seguidores voltou-se para a religião cristã e todos, mesmo sem ingressar diretamente na Igreja, a encaram com muita simpatia.

O nosso livro contém a melhor informação sobre os ensinamentos da Gin Dan Giau. Os preceitos parecem remontar a Lü Yen (também chamado Lü Dung Bin, isto é, Lü, o hóspede da Caverna). No livro, é designado como o patriarca Lü, Lü Dsu, que viveu entre os séculos VIII e IX, tendo nascido no ano de 755 d.C. Acrescentou-se mais tarde um comentário às suas palavras, proveniente da mesma tradição.

De que fonte recebeu Lü seus ensinamentos esotéricos secretos? Ele mesmo rasteou sua origem até Guan Yin Hi, o Mestre Yin Hi do Desfiladeiro (Guan, ou seja, Han-Gu-Desfiladeiro). Segundo a lenda, foi para ele que Lao-Tsé escreveu seu Taoteking. Com efeito, encontramos nesse sistema uma série de pensamentos que provêm dos ensinamentos místicos, ocultos e esotéricos do Taoteking (comparemos, por exemplo, os deuses do Vale, idênticos ao espírito do Vale, de Lao-Tsé, entre outros). Na época Han, o taoismo degenerava cada vez mais em práticas mágicas externas; os mágicos da corte, de procedência taoista, procuravam obter a pílula de ouro (a pedra filosofal) por meios alquímicos, que produzisse ouro a partir de metais vis, conferindo ao homem a imortalidade física. O movimento de Lü Yen representou uma reforma, confrontado com esse estado de coisas. As designações alquímicas tornam-se símbolos de processos psicológicos e assim, neste ponto, ele se aproxima de novo dos pensamentos originais de Lao-tsé. Mas Lao-Tsé era um livre-pensador e seu sucessor Dschuang Dsi escarnecia às vezes de todos os abracadabra da prática ioga, dos curandeiros e dos buscadores do elixir da vida; porém, ele mesmo exerceu naturalmente a meditação, que o ajudou a alcançar a visão da unidade, na qual se baseia seu

---

3. No ano 1891, 15.000 de seus adeptos foram massacrados pelos mercenários manchus.

sistema, posteriormente elaborado como pensamento. Diversamente, há em Lü Yen certa credulidade, um traço religioso estimulado pelo budismo, mas que deste difere apesar de, como ele, considerar ilusórias todas as exterioridades. Lü Yen busca com ardor um polo estável na fuga do mundo fenomênico, onde o adepto possa participar da vida eterna, pensamento este completamente estranho ao budismo, o qual nega todo eu substancial. Não deve subestimar-se, entretanto, a influência do budismo Mahayana, que outrora dominou poderosamente a China. Os sutras budistas são citados repetidamente. Em nosso texto, tal influência é maior do que em geral se reconhece na Gin Dan Giau. Na segunda metade da terceira seção é indicado expressamente o *método contemplativo pela fixação* (Dschï Guan). Trata-se de um método puramente budista, praticado na escola Tiën-Tai de Dschï Kai. A partir daí pode perceber-se certa ruptura na exposição do nosso texto. Numa página é descrito com mais detalhes o cultivo da "flor de ouro", e em outra são introduzidos pensamentos nitidamente budistas, que deslocam a meta com toda a evidência para a obtenção do nirvana, através do repúdio do mundo. As seções seguintes[4], dado o nível espiritual e a rigorosa coerência da obra, poderiam reivindicar no máximo um valor de adendos. Além disso, o trabalho do renascimento interior através do movimento circular da luz e a geração da semente divina, só são descritos nas primeiras fases; as fases posteriores denominam-se metas, como por exemplo no Sü Ming Fang de Liu Hua Yang, onde são tratadas com pormenores. Podemos portanto supor que uma parte do manuscrito se perdeu, tendo sido substituída por trechos oriundos de outras fontes. Isto esclareceria a ruptura do texto, a que nos referimos, e o nível inferior das partes não traduzidas.

Mas a uma leitura despreocupada, não passa despercebido o fato de que, ambas as fontes são insuficientes para uma perfeita elucidação do conteúdo dos pensamentos expostos. O confucionismo também

---

4. Estas seções foram suprimidas na presente tradução.

é utilizado em sua linha fundada sobre o I Ging. Os oito sinais básicos do I Ging (Ba Gua) são introduzidos em diversas passagens, como símbolos de processos interiores. Tentaremos esclarecer posteriormente a influência exercida por tal emprego dos símbolos. Aliás, o confucionismo tem uma larga base em comum com o taoismo, de modo que a conjugação de seus pensamentos não perturba de forma alguma a coerência do texto.

Talvez muitos leitores europeus sintam estranheza devido a certas frases encontradas no texto, e que eles conhecem através da doutrina cristã; certas coisas, frequentemente tomadas na Europa como expressões litúrgicas, assumem no nosso texto uma perspectiva bem diversa, devido à correlação psicológica que assumem. Encontramos, assim, concepções e conceitos como os seguintes (tomando apenas alguns dentre muitos, por chamarem particularmente a atenção): A Luz é a vida dos homens. O olho é a Luz do corpo. O renascimento espiritual do homem pela água e pelo fogo, ao que se deve acrescentar a terra-pensamento (espírito), enquanto regaço materno, ou campo arado. Comparemo-los com as palavras de João: "Eu vos batizo com água; depois de mim virá alguém que vos batizará com o Espírito Santo e fogo", ou: "Quem não nascer de novo da água e do espírito, não entrará no Reino do Céu". É extremamente plástico em nosso texto o pensamento da "água" como substância germinal e bastante clara a diferença entre a atividade que flui para fora, que se esgota no ato de geração (o que nasce da carne é carne), e o "movimento reversivo" (μετάνοια). O banho desempenha também o seu papel neste renascimento, tanto no batismo de João como no batismo cristão. Quanto às bodas místicas, que representam igualmente uma importante função nas parábolas cristãs, comparecem várias vezes; é mencionada a Criança ou o Menino (*Puer Aeternus*, o Cristo que deve nascer dentro de nós – o noivo da alma) bem como a noiva. E talvez o mais surpreendente é a presença de um detalhe aparentemente insignificante: o de que se deve manter o óleo das lâmpadas, a fim de que brilhem com a máxima claridade. Devido ao poderoso significado psicológico que adquire em nosso texto, essa passagem é de grande importância. Vale a pena mencionar ainda o fato de que a expressão "flor de ouro" (Gin Hua) implica, em seu sentido esotérico, a expressão "Luz". Se escrevermos os dois sinais, um debaixo do outro, de modo que a parte inferior do sinal superior toque a parte superior do sinal inferior, configura-se o sinal "Luz" (Guang). Evidentemente, este sinal secreto foi inventado durante uma época de perseguição, o que explicaria também o caráter da divulgação posterior do ensinamento, sob o véu do mais profundo segredo, a fim de evitar na medida do possível qualquer perigo. Talvez tenha sido esse o motivo pelo qual esses ensinamentos sempre se restringiram a um círculo secreto. Mas atualmente seus seguidores são mais numerosos do que se poderia julgar.

Se perguntássemos agora para onde aponta esta religião da Luz, deveríamos pensar em primeiro lugar na Pérsia, uma vez que, na época Tang, havia templos persas em muitas regiões da China. Mas embora nela haja alguns traços concordantes com a religião de Zaratustra e particularmente com a mística persa, as divergências que se apresentam são muito acentuadas. Outra hipótese possível é a de uma direta influência cristã. Na época Tang, o nestorianismo cristão alcançou grande prestígio, pois era a religião dos uigures, aliados do imperador, fato este que é demonstrado pela inscrição chinesa e síria do monumento nestoriano, erigido em Sianfu, no ano 781. Portanto, é bem possível a relação entre o nestorianismo e a Gin Dan Giau. Th. Richard foi tão longe, a ponto de ver na Gin Dan Giau apenas os restos do antigo nestorianismo. Certas concordâncias no ritual e em algumas tradições dos membros da Gin Dan Giau levaram-no a essa hipótese extrema. Recentemente, P.Y. Saeki[5] retomou-a, estabelecendo uma série de paralelos, baseado na liturgia nestoriana encontrada em Dun Huang, por Pelliot. O referido autor chega a identificar Lü Yen, o fundador da Gin Dan Giau, com Adão, autor do texto da placa nestoriana, e que a assina com seu nome chinês: Lü Siu Yen.

---

5. *The Nestorian Monument in China*. 2 ed. Londres, 1928.

Assim pois, segundo essa versão, Lü Yen, o fundador da Gin Dan Giau, seria um cristão de confissão nestoriana! Saeki, no entusiasmo de uma tal identificação, foi longe demais; suas provas são quase convincentes, mas falta a todas elas o ponto nodal, que torna a prova decisiva. De muitas provas parcialmente certas não se chega a uma prova total. Mas somos obrigados a reconhecer que na Gin Dan Giau houve uma fortíssima influência do pensamento nestoriano, a qual é perceptível no texto de que tratamos. Esses pensamentos parecem singulares numa roupagem tão estranha, mas em parte adquirem uma notável vitalidade. Assim é que tocamos aqui um dos pontos que sempre demonstram esta verdade:

"Oriente e Ocidente/Não podem mais ser separados".

II. Os pressupostos psicológicos e cosmológicos da obra

Para melhor compreender a tradução que aqui apresentamos, achamos importante dizer algo sobre os fundamentos da cosmovisão na qual o método repousa. Essa cosmovisão é, até certo ponto, comum a todas as demais orientações filosóficas da China. Seu pressuposto inicial é o de que cosmo e homem, no fundo, obedecem às mesmas leis; o homem é um cosmo em miniatura, não estando separado do macrocosmo por barreiras intransponíveis. São regidos pelas mesmas leis e há uma passagem ligando uma situação à outra. Psique e cosmo comportam-se como mundo interior e mundo ambiente. Portanto, o homem participa por sua natureza de todo acontecimento cósmico e está entretecido a ele, interna e externamente.

O *Tao*, o *sentido do mundo*, o caminho, domina pois o homem, do mesmo modo que a natureza invisível e visível (céu e terra). O sinal que designa o Tao em sua forma originária[6] consiste em uma

---

6. Cf. *Gu Dschou Biën*, vol. 66, p. 25s., que também foi consultado para a análise dos sinais restantes.

cabeça, que deve ser interpretada como "começo", e em um sinal para "ir" (ou andar), precisamente em seu duplo significado que implica também o de "trilho"; além disso, ainda um sinal para "deter-se", que desaparece na grafia posterior. O significado originário é assim o de "um trilho que – sendo estável em si mesmo – conduz diretamente de um começo até a meta". O pensamento subjacente é o de que ele, mesmo sendo imóvel, transmite todos os movimentos, outorgando-lhes a lei. Os caminhos do céu são aqueles através dos quais os astros se movimentam; o caminho do homem é a via pela qual ele deve andar. Lao-Tsé usou esta expressão em seu sentido metafísico, como o princípio último do mundo, como o "sentido" anterior a toda a realização, antes da separação e polarização dos opostos, fato este que está à base de toda a realização. Esta terminologia é o pressuposto fundamental deste livro.

Há certa diferença no confucionismo, no tocante a este ponto. Nele, a expressão Tao tem um sentido de mundo interior = caminho certo; este, por um lado, é o caminho do céu e, por outro, o caminho do homem. O princípio último da unidade não-dual é, para o confucionismo, o *Tai Gi* (a grande viga mestra, *o grande polo*). A expressão "polo" aparece também ocasionalmente em nosso texto, e se identifica com o Tao.

A partir do Tao, isto é, do Tai Gi, surgem os princípios da realidade, o *polo luminoso (yang)* e o *polo obscuro* ou *sombrio (yin)*. Os círculos estudiosos europeus pensaram primeiramente em relações sexuais. No entanto, os sinais se referem a fenômenos da natureza. Yin é sombra, portanto o lado norte de uma montanha e o lado sul de um rio (uma vez que o sol, durante o dia, ocupa tal posição, que faz com que a montanha, vista do sul, pareça escura). Yang mostra em sua forma originária pálpebras pestanejando e é – em relação ao sinal yin – o lado sul da montanha e o lado norte do rio. Somente a partir deste significado o "luminoso" e o "obscuro" se tornam princípios que se estendem a todos os pares de opostos, inclusive o sexual. Mas como ambos só são atuantes no domínio do fenômeno e têm sua origem comum no Uno sem dualidade, onde yang aparece como princípio ativo condicionante e yin, como princípio passivo derivado e condicionado, é bem claro que esses pensamentos não se baseiam num dualismo metafísico. Menos abstratos do que yin e yang são os conceitos do *criativo* e do *receptivo* (kiën e kun), que procedem do Livro das Mutações. Eles são simbolizados pelo céu e pela terra. Mediante a união de ambos e através da ação das forças originárias duais dentro dessa cena (segundo a lei originária *una* do Tao), se originam as *dez mil coisas* isto é, o mundo exterior.

Entre estas coisas – considerado de fora – encontra-se o ser humano em sua *aparência corpórea* que, no conjunto de suas partes, é um *pequeno universo* (Siau Tiën Di). Assim, pois, o interior do homem também provém do céu – como dizem alguns confucionistas –, ou então é uma forma fenomênica do Tao, como julgam os taoistas. O homem desdobra-se, de acordo com sua aparência, numa multiplicidade de indivíduos, em cada um dos quais está incluído o Uno central como princípio de vida; só que antes do nascimento, no momento de sua concepção, ele se divide numa polaridade: ser e vida (sing e ming). O sinal para *ser* (sing) compõe-se de coração (sin) e surgir, nascer (schong). O *coração* (sin) é, segundo a concepção chinesa, a sede da consciência emocional, que é despertada, através da reação emotiva dos cinco sentidos, para as impressões do mundo exterior. O substrato que permanece quando nenhum sentimento se manifesta, o que – por assim dizer – perdura num estado transcendente ou supraconsciente, é o ser (sing). Segundo a definição mais precisa deste conceito, ele é originariamente bom se for considerado sob o ponto de vista da eternidade (mong dsi), e originariamente mau ou pelo menos neutro, sob o ponto de vista do desenvolvimento empírico-histórico (sün kuang), só podendo melhorar através de uma longa evolução dos costumes.

O *ser (sing),* que de um modo ou de outro, está bem próximo do *logos*, ao entrar no âmbito fenomênico, liga-se estreitamente à vida (ming). O sinal *ming (vida)* significa uma ordem régia, e portanto, *determinação*, fatalidade, o destino que cabe a alguém e, assim, também a duração da vida, a medida da força vital disponível; por conseguinte, ming (vida) se aproxima do eros. Ambos os princípios são, por assim dizer, supraindividuais. O ser (sing) é o que torna o homem um ser espiritual. O homem enquanto indivíduo o possui, mas ele ultrapassa muito o ser individual. A *vida (ming)* também é supraindividual, uma vez que o homem deve simplesmente aceitar o seu destino, que não provém de sua vontade consciente. O confucionismo vê no destino *uma lei determinada pelo céu*, à qual devemos submeter-nos; o taoismo vê nele o jogo multicolorido da natureza que não pode no entanto fugir às leis do Tao; este se identifica pura e simplesmente com o *acaso*. O budismo na China o considera a *atuação do carma* dentro do mundo da ilusão.

A essas dualidades correspondem no homem corporal e pessoal as seguintes tensões polares. O corpo é animado pela participação conjunta de duas estruturas anímicas: 1. *hun*, que eu traduzi por *animus*, uma vez que pertence ao princípio yang e 2. *po*, traduzido por *anima,* uma vez que pertence ao princípio yin. Ambos são representações obtidas mediante a observação do processo da morte, tendo o sinal característico do demônio, do morto (gui). Considerava-se a *anima* particularmente ligada aos processos corporais; por ocasião da morte ela mergulha na terra e se decompõe. O *animus*, pelo contrário, é a alma superior que se eleva no ar após a morte, aí se mantendo ativa durante algum tempo. Depois se desvanece no espaço celeste, isto é, reflui para o reservatório geral da vida. No homem vivo, ambos correspondem, até certo ponto, ao sistema cerebral e solar. O *animus* mora nos olhos, a *anima* no abdômen. O *animus* é luminoso e dotado de grande mobilidade, a *anima* é obscura e presa à terra. O sinal para hun, *animus*, compõe-se de demônio e nuvem; o sinal para po, *anima*, de demônio e branco. Poderíamos deduzir daí outras ideias semelhantes que encontramos noutra parte como alma-sombra e alma-corpo. Sem dúvida, a concepção chinesa contém algo de parecido. Devemos no entanto ser precavidos no tocante a estabelecer sua procedência, pois a grafia mais antiga não tem o sinal característico para demônio. É possível que se trate de símbolos originários, cuja procedência não pode ser rasteada. Seja como for, o *animus* – hun – é a alma yang luminosa, ao passo que a *anima* – po – é a obscura alma yin.

O "movimento direto" habitual, isto é, o *processo vital descendente*, consiste em que essas duas almas entram em relação recíproca, a modo de fator intelectual e animal; em geral a *anima*, a vontade insensível, aguilhoada pelas paixões, obriga o *animus* ou intelecto a colocar-se a seu serviço. Pelo menos o faz voltar-se para fora, disso resultando que as forças do *animus* e da *anima* se esvaem e a vida se consome. Como resultado positivo ocorre a geração de novos seres nos quais a vida se prolonga, enquanto o ser originário se "externaliza" e finalmente "se transforma pelas coisas em coisa". O ponto final é a morte. A *anima* mergulha, o *animus* se eleva e o eu é privado de sua força, numa situação dúbia. Quando esta "externalização" se afirma, ocorre em consequência o peso e o mergulho na surda aflição da morte e o eu só se alimenta miseravelmente das imagens ilusórias da vida que ainda o atraem, sem que, no entanto, possa participar ativamente delas (inferno, almas famintas). Se, apesar da "externalização", houve um esforço para o alto, recebe-se uma vida relativamente beatífica, de acordo com os méritos, pelo menos durante algum tempo, enquanto se é fortalecido pelas forças dos sacrifícios dos sobreviventes. Em ambos os casos, o elemento pessoal se retrai até completar-se a involução correspondente à "externalização": o ser torna-se um fantasma impotente e seu destino chega ao fim, por lhe faltarem as forças da vida. É então que ele colhe os frutos de suas boas ou más ações nos céus ou infernos, os quais não se situam fora, sendo estados puramente interiores. Quanto mais profundamente mergulha nesses estados, mais se envolve, até desaparecer da superfície da existência – tal como ela findou – e as imaginações nele presentes fornecerão os elementos para o início de uma nova existência, num novo regaço materno. Toda esta situação é *a situação do demônio, do espírito, do morto*, daquele que se retira; em chinês, é o *gui* (muitas vezes traduzido erradamente por "diabo").

Quando, pelo contrário, se consegue durante a vida iniciar o movimento "reversivo" ascendente das forças vitais, quando as forças da *anima* são dominadas pelo *animus*, realiza-se uma libertação das coisas exteriores. Elas são reconhecidas, mas não cobiçadas. Através disso, a força da ilusão é rompida. Ocorre um movimento circular ascendente das energias. O eu retira-se dos emaranhados do mundo e permanece vivo depois da morte, uma vez que a "interiorização" impediu as forças vitais de se derramarem para fora; pelo contrário, estas últimas criaram um centro vital na rotação interior da mônada, que não depende da existência corporal. Um tal eu é um *deus, schen*. O sinal para schen significa: expandir-se, atuar, em suma, é o contrário de gui. Em sua grafia mais antiga, schen é representado por um meandro duplamente sinuoso, que também pode significar trovão, raio, excitação elétrica. Um tal ser possui duração enquanto persiste a rotação interna. É também capaz de influenciar as pessoas, a partir do invisível, entusiasmando-as para desenvolverem grandes ideias e nobres ações. São os santos e sábios dos tempos mais remotos, que estimulam e desenvolvem a humanidade, através dos séculos.

Entretanto, há uma limitação. Eles continuam pessoais, e portanto, sujeitos às atuações de espaço e tempo. Eles também não são imortais, tal como céu e terra não são eternos. Eterna é apenas a *flor de ouro,* que brota da libertação interior de todos os envolvimentos com as coisas. O homem que alcança este estágio ultrapassa seu eu. Não se limita mais à mônada, mas penetra no círculo da dualidade polar de todos os fenômenos e retorna ao Uno, isento de dualidade: o Tao. Assinalemos aqui uma diferença entre o budismo e o taoismo. No budismo, este retorno ao *nirvana* se liga a uma extinção total do eu, que é apenas ilusório, tal como o mundo. Não podendo ser explicado ou esclarecido como uma morte ou um término, é decididamente transcendência. No taoismo, pelo contrário, a meta é, por assim dizer, conservar na transfiguração a ideia de pessoa, os "vestígios" das vivências. É a luz que com a vida retorna a si mesma, simbolizada no nosso texto pela *flor de ouro.* Como apêndice, acrescentemos algumas palavras sobre a maneira pela qual são empregados em nosso texto os *oito sinais* do Livro das Mutações (*I Ging*).

O sinal dschen ☳ *trovão, o incitante* é a vida que irrompe das profundezas da terra; é o começo de todo movimento. O sinal *Sun* ☴ *vento, madeira, o suave* caracteriza o afluxo das forças da realidade, na forma da ideia. Assim como o vento penetra todos os espaços, ele é o que tudo penetra, produzindo a "realização". O sinal *li* ☲ *sol, fogo, o luminoso* (aderente) desempenha um grande papel nesta religião da luz. Ele mora nos olhos, forma o círculo protetor e opera o renascimento. O sinal *kun* ☷ *terra, o receptivo* é um dos dois princípios originários, isto é, o princípio yin, concretizado nas forças da terra. A terra, como campo lavrado, acolhe e dá forma à semente do céu. O sinal *dui* ☱ *lago, vapores, o jovial* é um estado conclusivo, referente ao lado yin, pertinente ao outono. O sinal *kiën* ☰ *céu, o criativo, o forte* é a concretização do princípio yang, que fecunda kun, o receptivo. O sinal *kan* ☵ *água, o abissal* é o oposto de li ☲ a partir de sua estrutura externa. Ele representa a região do eros, ao passo que li representa o lógos. Assim como li é o sol, kan é a lua. O casamento de kan e de li constitui o processo mágico secreto, que gera a criança, o homem novo. O sinal *general* ☶ *montanha, o permanecer imóvel* é a imagem da meditação, que mediante a quietude exterior produz a vivificação da interiorização. Portanto, gen é o lugar em que morte e vida se tocam, onde se cumpre o morre e transforma-te.

Tai I Gin Hua Dsung Dschi
O segredo da flor de ouro

I. A consciência celeste (coração)

Mestre Lü Dsu dizia: àquilo que é por si mesmo denominamos sentido (Tao). O sentido não tem nome, nem forma. É o ser uno, o espírito originário e único. Ser e vida não podem ser vistos, estão contidos na luz do céu. A luz do céu não pode ser vista, está contida nos dois olhos. Hoje serei vosso guia e revelar-vos-ei o Segredo da Flor de Ouro do Grande Uno; a partir daqui explicarei pormenorizadamente o que se segue.

O Grande Uno é a designação daquilo além do qual nada mais existe. O segredo da magia da vida consiste em utilizar a ação para chegar à não ação; não podemos passar por cima de tudo, pretendendo penetrá-lo diretamente. O princípio tradicional é tomar nas mãos o trabalho com o ser. Através disto evitar-se-ão extravios.

A flor de ouro é a luz. Qual é a cor da luz? Tomemos a flor de ouro como analogia. Esta é a verdadeira força do Grande Uno transcendente. A palavra: "O chumbo da região da água tem somente um sabor" significa isto.

No Livro das Mutações lemo[1s:] *"O céu gera a água mediante o Uno". É esta a verdadeira força do Grande Uno. Ao alcançar este Uno, o homem*

---

1. Este comentário data provavelmente do século XVII ou XVIII.

é vivificado, e ao perdê-lo, morre. No entanto, apesar de o homem viver na força (ar, prana), ele não vê a força (ar), da mesma forma que os peixes não veem a água. O homem morre quando lhe falta o ar da vida, do mesmo modo que os peixes sem água perecem. Por isso, os adeptos ensinaram as pessoas a manter o originário e a preservar o uno, este é o movimento circular da luz e a preservação do centro. Quando se conserva esta força genuína, pode-se prolongar o seu tempo de vida e então utilizar o método de "fundir e misturar" a fim de criar um corpo imortal.

O trabalho do movimento circular da luz é inteiramente baseado no movimento reversivo, para reunir os pensamentos (o lugar da consciência celeste, o coração celeste). O coração celeste fica entre o sol e a lua (isto é, entre os dois olhos).

O Livro do Castelo Amarelo diz: "No campo de uma polegada da casa de um pé pode-se ordenar a vida". A casa que mede um pé é o rosto. O campo de uma polegada no rosto, o que poderia ser senão o coração celeste? Em meio à polegada quadrada mora a magnificência. Na sala purpúrea da cidade de jade mora o deus da vitalidade e do vazio extremos. Os confucionistas chamam-na: o centro do vazio; os budistas: o terraço da vitalidade; e os taoistas: a terra dos antepassados ou o castelo amarelo, ou ainda a passagem escura, ou espaço do céu primeiro. O coração celeste se assemelha à morada, a luz é o senhor da casa.

Por isso, assim como a luz segue um movimento circular, as forças do corpo inteiro se apresentam diante de seu trono, como quando um santo rei estabeleceu a capital e criou as leis básicas e todos os estados se aproximam com dádivas em tributo; ou como quando ao senhor tranquilo e lúcido, servos e servas obedecem as ordens de bom grado, cada qual fazendo seu trabalho.

Por isso, necessitais apenas pôr a luz em movimento circular; este é o mais sublime e maravilhoso dos segredos. E fácil pôr a luz em movimento, o difícil é fixá-la. Quando permitimos que ela se mova em círculo suficientemente, então ela se cristaliza; este é o corpo-espírito natural. O espírito cristalizado forma-se além dos nove céus. Este é o estado do qual se diz no Livro do Selo do Coração: "Silenciosamente levantas voo pela manhã".

Para a realização deste princípio não é necessário procurar qualquer outro método a não ser nele concentrar os pensamentos. O Livro Long Yen[2] diz: "Mediante a concentração dos pensamentos somos capazes de voar e nascer no céu". O céu não é o amplo céu azul, mas o lugar em que a corporeidade é gerada na casa do criativo. Quando se prossegue muito tempo nisso, surge naturalmente outro corpo-espírito, além do corpo.

A flor de ouro é o elixir da vida (Gin Dan, cujo significado literal é esfera de ouro, pílula de ouro). Todas as transformações da consciência espiritual dependem do coração. Reside aqui uma magia secreta, a qual, apesar de ser perfeitamente exata, é fluida, exigindo uma extrema inteligência e lucidez, assim como um extremo aprofundamento e tranquilidade. As pessoas desprovidas dessa extrema inteligência e compreensão não encontram o caminho da utilização, ao passo que as pessoas desprovidas do extremo aprofundamento e tranquilidade não conseguem estabilizá-lo.

Esta seção esclarece a origem do grande sentido do mundo (Tao). O coração celeste é a raiz germinal do grande sentido. Quando se é capaz de uma completa tranquilidade, o coração celeste se manifesta por si mesmo. Quando o sentimento é tocado e se exterioriza diretamente, o homem nasce como ser vivente originário. Este ser vivente encontra-se desde a sua concepção até o nascimento em seu verdadeiro espaço. Assim que o toque da individuação entra no nascimento, o ser e a vida dividem-se em dois. Desde este momento – se a maior tranquilidade não for alcançada –, ser e vida não tornam a encontrar-se.

Por isso, diz-se no Plano do Grande Polo: "O Grande Uno contém em si a verdadeira força (prana), a semente, o espírito, o animus e a anima. Quando os pensamentos se tranquilizam plenamente, de modo

---

2. Long Yen é o Suramgama-sutra budista.

a ver-se o coração celeste, a inteligência espiritual, por si mesma, atinge a origem. Este ser habita, sem dúvida, o verdadeiro espaço, mas o lampejo da luz habita nos dois olhos. Portanto, o mestre ensina o movimento circular da luz, a fim de alcançar o verdadeiro ser. O verdadeiro ser é o espírito originário. O espírito originário é justamente ser e vida, e quando nisto se reconhece o real, aí está a força originária. E é justamente isto o grande sentido.

O mestre, a partir deste momento, cuida de que ninguém se engane no caminho que conduz da ação consciente à não ação inconsciente. Por isso, diz: A magia do elixir da vida utiliza a ação consciente para chegar à não-ação inconsciente. A ação consciente consiste em pôr em andamento o caminho circular da luz mediante a reflexão, para que se manifeste o desencadeamento do céu. Então, se nascer a verdadeira semente e se empregarmos o método correto para fundi-la e misturá-la, criando assim o elixir da vida, passaremos através do desfiladeiro: o embrião se configura e deve ser desenvolvido mediante o trabalho do aquecimento, da nutrição, da imersão no banho e lavamento. Tudo isto passa para o domínio da não ação inconsciente. É necessário um ano inteiro deste período de fogo, para que o embrião possa nascer, separar-se da casca, passando do mundo comum para o mundo sagrado.

Este método é muito simples e fácil. No entanto comporta tantos estados de transformação e mudança, que se diz: Não é com um salto que se pode obtê-lo. Quem busca a vida eterna deve procurar o lugar em que ser e vida surgem originariamente.

II. O espírito originário e o espírito consciente

Mestre Lü Dsu disse: Comparado com o céu e a terra, o homem é como o inseto chamado efêmera. Mas comparado com o grande sentido, céu e terra não são mais do que uma bolha de ar e uma sombra. Só o espírito originário e o verdadeiro ser vencem tempo e espaço.

A força da semente, tal como o céu e a terra, está submetida à caducidade, mas o espírito originário ultrapassa as diferenças polares. Dele deriva a existência do céu e da terra. Se os discípulos conseguirem alcançar o espírito originário, vencem as oposições polares de luz e obscuridade e não permanecem mais nos três mundos[3]. No entanto, só quem olhou o ser em sua face originária é capaz disto.

Quando os homens se desprendem do corpo materno, o espírito originário mora na polegada quadrada (entre os dois olhos) e o espírito consciente abaixo, no coração. Este coração de carne, embaixo, tem a forma de um grande pêssego; ele é encoberto pelas asas do pulmão, sustentado pelo fígado e servido pelas vísceras. Este coração depende do mundo exterior. Quando não nos alimentamos, mesmo que só por um dia, ele sente desconforto. Ouvindo algo de assustador, palpita; se forem palavras que despertam a ira, se contrai; ao confrontar-se com a morte, se entristece e, ao ver algo de belo, se ofusca. No caso, porém, do coração celeste, na cabeça, o que poderia perturbá-lo? Se perguntares: o coração celeste nunca se comove? – eu respondo: Como poderia comover-se o verdadeiro pensamento, na polegada quadrada? Se isto ocorresse, não seria bom. Quando as pessoas comuns morrem, ele se comove, mas isso não é bom. Evidentemente, é muito melhor que a luz já se tenha firmado num corpo-espírito e que sua força vital penetre pouco a pouco os impulsos e movimentos. Mas este é um segredo silenciado há milênios.

O coração inferior comporta-se como um general forte e poderoso que despreza o senhor celeste por sua fraqueza, usurpando-lhe a liderança dos assuntos de Estado. Quando, porém, se consegue fortalecer e preservar o castelo originário, é como se um soberano forte e sábio ocupasse o trono. Os olhos impelem a luz ao movimento circular como dois ministros, um à direita, outro à esquerda, apoiando o soberano com toda a sua força. Quando a soberania está centrada

---

3. Céu, terra, inferno.

e em ordem, todos os heróis subversivos se apresentam com as lanças de ponta para baixo, a fim de receber ordens.

O caminho para o elixir da vida reconhece como a mais alta magia a água-semente, o fogo-espírito e a terra-pensamento, todos os três. O que é a água-semente? Uma força (*eros*) una e verdadeira do céu primeiro. O fogo-espírito é a luz (*logos*). A terra-pensamento é o coração celeste da morada do meio (intuição). Usamos o fogo-espírito para agir, a terra-pensamento como substância e a água-semente como fundamento. Os homens comuns engendram seu corpo pelo pensamento. O corpo não é apenas o corpo exterior, de sete pés de altura. No corpo está a *anima*. Esta adere à consciência como seu efeito. A consciência depende da *anima* para existir. A *anima* é feminina (yin), substância da consciência. Enquanto esta consciência não é interrompida, prossegue de geração em geração e as modificações da forma e transformações da substância da *anima* são incessantes.

Além disso, há o *animus* no qual o espírito se abriga. De dia, ele mora nos olhos e de noite, no fígado. Morando nos olhos, vê; alojado no fígado, sonha. Os sonhos são peregrinações do espírito através dos nove céus e das nove terras. Mas quem ao acordar se sente sombrio e deprimido, subjugado à sua forma corporal, acha-se encadeado pela *anima*. Por isso, a concentração do *animus* é desencadeada pelo movimento circular da luz e desse modo o espírito é preservado; a *anima* é subjugada, e a consciência, anulada. O método dos antigos para livrar-se do mundo consistia em fundir completamente as escórias do obscuro, a fim de voltar ao puro criativo. Isto não é mais do que uma redução da *anima* e uma plenificação do *animus*. O movimento circular da luz é o meio mágico da redução do obscuro e da subjugação da *anima*. Mesmo que o trabalho não se oriente para o retorno ao criativo e se limite ao meio mágico do movimento circular da luz, a própria luz já é o criativo. Mediante seu movimento circular, voltamos ao criativo. Ao seguir este método, a água-semente por si só torna-se. presente em abundância, o fogo-espírito se acende e a terra-pensamento se fortalece e cristaliza. Então se realiza a gestação do fruto santo.

O escaravelho empurra sua bolota de esterco, e desta surge a vida como efeito do trabalho indiviso de sua concentração espiritual. Se do mero esterco pode nascer um embrião, abandonando as cascas, quanto mais nasceria da morada do nosso coração celeste, ao concentrarmos nele nosso espírito? Acaso não pode gerar um corpo?

Quando o único ser verdadeiro e atuante (o logos unido à vitalidade) mergulha na morada do criativo, divide-se em *animus* e *anima*. O *animus* reside no coração celeste. Sua natureza é a da luz, ele é a força do leve e do puro. Foi isto que recebemos do grande vazio, que é um só com o começo originário. A natureza da *anima* é a do obscuro. Ela é a força do pesado e do turvo, estando presa ao coração corpóreo e carnal. O *animus* ama a vida, a *anima* procura a morte. Todos os prazeres sensuais e acessos coléricos são efeitos da *anima*, que é o espírito consciente, que se alimenta do sangue depois da morte; durante a vida, ele sofre uma grande necessidade. O obscuro volta ao obscuro e as coisas se atraem segundo sua espécie. O discípulo sabe destilar completamente a *anima* obscura até transformar-se em pura luz (yang)[4].

Nesta seção é descrita a função do espírito originário e do espírito consciente na formação do corpo humano. O mestre diz: A vida do homem é como a de um inseto chamado efêmera; somente o ser verdadeiro do espírito originário consegue escapar ao movimento circular do céu e da terra e ao destino dos eons. O verdadeiro ser sai do não polar e recebe a força originária do polar, acolhendo em si o verdadeiro ser de céu e terra e assim se transformando em espírito consciente. Ele recebe o ser de pai e mãe enquanto espírito originário. Este espírito originário é desprovido de consciência e saber, mas é capaz de regular os processos formativos do corpo. O espírito consciente é manifesto e muito atuante, capaz de adaptar-se continuamente. É o senhor do coração humano. Enquanto habita o corpo, é o animus. *Após sua separação do corpo torna-se espírito. O espírito originário, quando o corpo acede à existência, ainda não tem*

---

4. A luz tem aqui o sentido de princípio cósmico, polo positivo, e não de luz como foco luminoso.

qualquer embrião no qual pudesse corporalizar-se. Assim, pois, cristaliza-se no Uno livre de polaridades.

Por ocasião do nascimento, o espírito consciente aspira a força do ar, transformando-se na morada do recém-nascido. O espírito consciente mora no coração. Desse momento em diante, o coração é o senhor, e o espírito originário perde o seu lugar, ao passo que o espírito consciente assume o poder.

O espírito originário ama a tranquilidade, e o espírito consciente, o movimento. Em seus movimentos, permanece ligado aos sentimentos e desejos. Dia e noite consome a semente originária, até consumir completamente a força do espírito originário. O espírito consciente abandona então a casca e sai.

A força espiritual de quem praticou principalmente o bem é pura e límpida quando chega a morte. Essa força escapa pelas aberturas superiores da boca e do nariz. A força do ar, pura e leve, sobe e flutua em direção ao céu, transformando-se então no quíntuplo gênio da sombra presente ou espírito da sombra.

Mas se o espírito originário, ao longo da vida, for utilizado pelo espírito consciente no sentido da avidez, da loucura, da cobiça, da luxúria e demais pecados, no momento da morte a força espiritual acha-se turva e confusa e o espírito consciente sai pela abertura inferior do ventre, junto com o ar. Se a força espiritual é turva e impura, ela se cristaliza para baixo, desce para o inferno e se transforma num demônio. Com isto, não só o espírito originário perde sua qualidade, como também são reduzidos o poder e a sabedoria do ser verdadeiro. Por esse motivo, diz o mestre: Quando ele se move, isto não é bom.

Se quisermos preservar o espírito originário precisamos, em primeiro lugar, subjugar necessariamente o espírito da percepção. O caminho para subjugá-lo passa pelo movimento circular da luz. Quando exercitamos esse movimento devemos esquecer tanto o corpo como o coração. O coração deve morrer e o espírito viver. Quando o espírito vive, a respiração

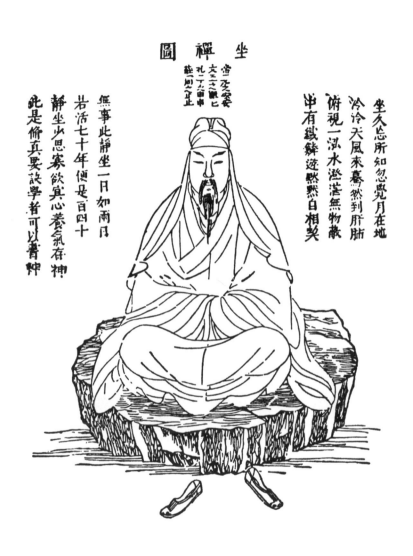

1º ESTÁGIO DA MEDITAÇÃO:
Concentração da luz.

começa a circular de um modo maravilhoso. A isto o mestre chama o bom por excelência[5]. *Depois, devemos deixar o espírito mergulhar no abdômen (plexo solar). A força relaciona-se então com o espírito e este se une à força e se cristaliza.* Este é o método de como pôr as mãos à obra.

Com o tempo, o espírito originário transforma-se na morada da vida, na verdadeira força. Devemos nesse ponto empregar o método de girar a roda do moinho, a fim de destilá-lo e transformá-lo no elixir da vida. Este é o método do trabalho concentrado.

Quando a pérola do elixir da vida está pronta, o embrião santo poderá formar-se e devemos então orientar o trabalho no sentido do aquecimento e nutrição do embrião espiritual. Este é o método da conclusão.

Quando o corpo de força da criança está pronto, o trabalho deve ser orientado para o nascimento do embrião, e sua volta para o vazio. Este é o método de largar a mão.

Desde os tempos mais remotos até hoje esta é a sequência do grande sentido no verdadeiro método, para torná-lo um gênio e santo imortal, eternamente vivo. Não se trata de meras palavras.

Quando o trabalho progrediu até este ponto, tudo o que pertence ao princípio obscuro foi completamente consumido e o corpo nasceu para a pura luz. Só depois que o espírito consciente se transformou no espírito originário, pode-se dizer que ele alcançou a mutabilidade infinita e, escapando ao movimento circular, consegue chegar ao sêxtuplo[6] *gênio dourado presente. Se não utilizarmos este método para o enobrecimento, como escapar ao caminho de nascimento e morte?*

---

5. Aqui são caracterizados os quatro estágios do renascimento. O renascimento (a partir da água e do espírito) é o começo do corpo pneumático no corpo de carne mortal. Há aqui um parentesco com pensamentos paulinos e joaninos.

6. O homem bom, na hora de sua morte, mediante seu impulso sombrio, se transforma no quíntuplo gênio presente; este se limita ao âmbito dos cinco sentidos, achando-se, portanto, ainda preso ao terrestre. O renascimento realiza sua passagem ao sexto sentido, isto é, ao âmbito espiritual.

III. Movimento circular da luz e preservação do centro

Mestre Lü Dsu disse: Quando foi revelado o assim chamado "movimento circular da luz"? Foi revelado pelo "verdadeiro homem da forma primeira" (Guan Yin Hi)[7]. Quando deixamos a luz circular, todas as forças do céu e da terra, da luz e da obscuridade, se cristalizam. A isto chamamos o pensar germinal, ou purificação da força, ou ainda purificação da ideia ou representação. Ao iniciar a prática desta magia é como se em meio ao ser houvesse algo do não ser; com o tempo, o trabalho se completa e então existe um corpo além do corpo; é como se em meio ao não ser houvesse um ser. Só depois de um trabalho concentrado de cem dias, a luz se torna autêntica e se transforma em fogo-espírito. Depois de cem dias surge espontaneamente, em meio à luz, um ponto do autêntico polo de luz (yang). Repentinamente surge a pérola-semente. É como se homem e mulher se unissem e houvesse uma concepção. Temos então de permanecer perfeitamente tranquilos e esperar que ela se cumpra. O movimento circular da luz é a época do fogo.

Em meio ao vir a ser originário, o fulgor do luminoso é o decisivo (yang guang). No corpo do mundo é o sol, no homem, o olho. A irradiação e difusão da consciência espiritual é posta em movimento principalmente por essa força, quando ela se orienta para fora, fluindo para baixo. Por isso, o sentido da flor de ouro repousa inteiramente no método reversivo.

O coração do homem está sob o signo do fogo[8]. *A chama do fogo tende para cima. Quando os dois olhos contemplam as coisas do mundo, a visão se dirige para fora. Quando fechamos os olhos e olhamos para*

---

7. Um discípulo de Lao-Tsé.
8. Os dois polos anímicos confrontam-se aqui como lógos (coração, consciência), que está sob o signo do fogo, e como eros (rins, sexualidade), sob o signo da água. O homem "natural" deixa que essas duas forças atuem exteriormente (intelecto e processo da concepção), e desse modo elas se "escoam" e se consomem. O adepto faz com que elas retornem para dentro e entrem em contato, o que resulta em sua mútua fecundação e na criação de uma forte vida espiritual, animicamente generosa.

dentro, contemplando o espaço dos ancestrais, praticamos o método reversivo. A força dos rins está sob o signo da água. Quando os instintos despertam, o fluxo se dirige para baixo e para fora e então a criança é gerada. Se no momento do orgasmo é detido o fluxo para fora e, pela força do pensamento, o conduzimos para dentro, de modo a ser impelido para cima, rumo ao cadinho do criativo, refrescando e alimentando corpo e coração, praticamos também o método reversivo. Por isso se diz: o sentido do elixir da vida repousa inteiramente no método reversivo.

O movimento circular da luz não é apenas um movimento circular da flor-semente do corpo individual, mas, até mesmo, um movimento circular das verdadeiras forças criativas plasmadoras. Não se trata de uma fantasia momentânea, mas precisamente da totalização do movimento circular (da peregrinação da alma) de todos os eons. Por isso, uma pausa na respiração significa um ano – segundo o tempo dos homens – e uma pausa na respiração significa cem anos, quando é medida pela longa noite das nove veredas (das reencarnações).

Depois que o homem deixa para trás o som único da individuação[9], ele nasce externamente de acordo com as circunstâncias e prossegue até a velhice sem olhar para trás uma só vez. A força do luminoso se esgota e se esvai e isso conduz ao mundo da escuridão nove vezes escura (das reencarnações). No Livro Long Yen[10] lê-se: "Mediante a concentração dos pensamentos podemos voar, mediante a concentração dos apetites, caímos". Se um discípulo cultiva pouco os pensamentos, e muito os apetites, chega à vereda da perdição. Só através da contemplação e da serenidade nasce a verdadeira intuição: isto requer o método reversivo.

---

9. O sinal ho, que é traduzido por "individuação", é representado graficamente pelo símbolo de "força" dentro de um "continente". Significa, portanto, a forma impressa para a mônada da entelequia. É o desprendimento de uma unidade de força e seu envolvimento com as forças germinais que levam à encarnação. O processo é representado em ligação a um som. Empiricamente, ele coincide com a concepção. A partir disso dá-se um "desenvolvimento", uma "manifestação" continuamente progressiva, até que o indivíduo vem à luz pelo nascimento. Então, o processo continua automaticamente até que a força se esgota e sobrevém a morte.

10. Suramgama-sutra, Sutra budista.

No Livro das Correspondências Secretas[11] lê-se: "O desencadeamento está no olho". Nas questões simples[12] do soberano amarelo lê-se: "A flor-semente do corpo do homem deve concentrar-se para cima, no espaço vazio". Este se relaciona com aquela. Nesta sentença está contida a imortalidade, bem como a superação do mundo. E esta é a meta comum de todas as religiões.

A luz não está apenas no corpo, mas também não está (apenas) fora do corpo. Montanhas e rios e a grande terra são iluminados pelo sol e pela lua: tudo isto é essa luz. Portanto, ela não está somente no corpo. Compreensão e clareza, discernimento e iluminação, e todos os movimentos (do espírito) são igualmente esta luz; por conseguinte não se trata de algo fora do corpo. A flor de luz do céu e da terra preenche os mil espaços. Mas também a flor de luz do corpo individual atravessa o céu e cobre a terra. Assim, pois, logo que a luz entra no caminho circular, entram com ela, simultaneamente, no caminho circular, céu e terra, montanhas e rios. A grande chave do corpo humano é concentrar a flor-semente em cima, no olho. Filhos, refleti sobre isto! Se não cultivardes um dia a meditação, esta luz se derramará, quem sabe para onde. Se cultivardes a meditação apenas durante um quarto de hora, com isso podeis cumprir os dez mil éons e mil nascimentos. Todos os métodos desembocam na tranquilidade. Impossível imaginar este maravilhoso processo mágico.

No entanto, quando alguém se aplicar ao trabalho, deve avançar do manifesto ao profundo, do grosseiro ao sutil. Tudo depende de que não haja qualquer interrupção. O princípio e o fim do trabalho devem ser um só. Nesse meio tempo, não há dúvida de que há momentos mais frios e outros mais quentes. Mas a meta deve ser alcançar a amplidão do céu e a profundidade do mar, e que todos os métodos pareçam muito simples e até mesmo óbvios; só desse modo é possível atingi-la.

---

11. Yin Fu Ging, Sutra taoista.
12. Su Wen, obra taoista mais recente, que alguns atribuem ao soberano mítico Huang Di.

Todos os santos transmitiram uns aos outros este ensinamento: sem contemplação (fan dschau, reflexão), nada é possível. Quando Kungtsé diz: "O discernimento leva à meta", ou Sakya o designa "o olhar do coração", ou então Laotsé diz "o olhar interno", tudo isso é o mesmo.

Qualquer pessoa pode falar da reflexão, mas não a apreende se não souber o que a palavra significa. O que deve ser invertido pela reflexão é o coração consciente de si mesmo, o qual deve dirigir-se para o ponto em que o espírito modelador ainda não se manifestou. Dentro de nosso corpo, de seis pés de altura, devemos esforçar-nos em direção à forma que já existia antes da fundação do céu e da terra. Atualmente, quando as pessoas se sentam apenas uma ou duas horas para meditar e não fazem mais do que contemplar *seu próprio eu*, chamando a isso de reflexão (contemplação), o que resultará disso?

Os fundadores do budismo e do taoismo ensinaram que devemos olhar para a ponta do nariz. Não quiseram dizer com isso que devemos fixar os pensamentos na ponta do nariz. Também não quiseram dizer que enquanto olhamos a ponta do nariz os pensamentos devem concentrar-se no centro amarelo. Para onde o olhar se dirige, para o mesmo ponto se dirige o coração. Como é possível olhar simultaneamente para cima (centro amarelo) e para baixo (ponta do nariz) ou, alternadamente, ora para cima e ora para baixo? Mas tudo isso significa confundir o dedo com o qual apontamos a lua, com a própria lua.

O que quer isto dizer? A palavra ponta do nariz foi escolhida com muita agudeza. O nariz deve servir como uma linha diretriz para os olhos. Quando abrimos os olhos bem abertos e olhamos para a distância de modo a não ver o nariz, ou então baixamos demasiadamente as pálpebras, de modo que os olhos se fecham e também não vemos o nariz, não nos orientamos por este último. Mas se abrirmos demais os olhos, cometeremos o erro de dirigi-los para fora, o que nos distrai facilmente. Por outro lado, se os fecharmos demais, cometeremos o erro de vertê-los para dentro, o que nos induzirá a um devaneio absorvente. Só quando baixamos as pálpebras na justa medida vemos a ponta do nariz de um modo adequado. É por isso que devemos tomá-la como linha diretriz. Tudo depende de baixarmos corretamente as pálpebras, deixando a luz irradiar para dentro por si mesma, sem pretender que a nossa concentração determine a irradiação da luz para dentro. Olhar para a ponta do nariz serve apenas no começo da concentração interior, a fim de dirigir os olhos na direção correta e nela se manter. Depois, isto não tem mais importância. É como o pedreiro, suspendendo o seu fio de prumo. Assim que o pedreiro o suspende, seu trabalho se orienta por ele, sem que se preocupe em olhar constantemente para o fio de prumo.

A contemplação pela fixação[13] é um método budista, que de modo algum é transmitido como um segredo.

Observemos a ponta do nariz com os dois olhos, sentados e com as costas confortavelmente retas; fixemos o coração no centro em meio às circunstâncias (o polo em repouso na fuga das aparências). No taoismo, chama-se a isto o centro amarelo e no budismo, o centro em meio às circunstâncias. Ambos querem dizer o mesmo, sem que isto signifique necessariamente o meio da cabeça. Trata-se apenas de fixar o pensamento no ponto exato, entre os dois olhos. Assim está bem. A luz é algo de extrema mobilidade. Quando fixamos o pensamento no ponto que fica entre os dois olhos, a luz irradia para dentro, por si mesma. Não precisamos dirigir a atenção especialmente para o castelo central. Nestas poucas palavras está contido o mais importante.

---

13. O método da contemplação por fixação (Dschi Guan) é o método de meditação da escola budista Tië Tai. Nela se alternam a tranquilização dos sentimentos através dos exercícios respiratórios e a contemplação. Alguns de seus métodos serão depois retomados. As circunstâncias são o "mundo circundante", que juntamente com as "causas originárias" (yin) põe em movimento o movimento circular da ilusão. No "centro das circunstâncias" está literalmente o "polo em repouso na fuga das aparências".

"O centro em meio às circunstâncias" é uma expressão de grande sutileza. O centro é onipresente, tudo está nele contido e também se relaciona com o desencadeamento de todo o processo da criação. A circunstância é o portal da entrada. A circunstância, ou melhor, a realização desta circunstância configura o começo, mas não induz a uma necessidade inexorável do que se segue. O significado das palavras em questão é extremamente fluido e sutil.

A contemplação pela fixação é indispensável, ela produz o fortalecimento da iluminação. Só que não podemos ficar sentados rigidamente quando despertam os pensamentos mundanos, mas devemos examinar onde se acham tais pensamentos, como surgiram e onde se extinguem. Mas levando adiante esta ponderação não chegamos ao fim. Devemos limitar-nos a ver de onde surgiram esses pensamentos, sem procurar muito além de sua origem; pois achar o coração (consciência), descobrir a consciência pela consciência, eis algo de irrealizável. Pretendemos pôr em repouso os estados do coração, conjuntamente: tal é a verdadeira contemplação. O que for contrário a isto é uma falsa contemplação. Não leva a meta alguma. Quando, apesar de tudo, continua incessantemente o fluxo dos pensamentos, devemos parar e entrar em contemplação. Então contemplemos e recomecemos a meditação pela fixação. É o duplo cultivar do fortalecimento da iluminação. A isto se denomina movimento circular da luz. Movimento circular é fixar. A luz é contemplação. Fixar sem contemplação é um movimento circular sem luz. Contemplação sem fixar é luz sem movimento circular. Lembrai-vos disto!

O sentido geral desta seção é que o movimento circular da luz é importante para a preservação do centro. A última seção tratava do bem precioso que é o corpo humano quando o espírito originário é o senhor. No entanto, se ele for usado pelo espírito consciente, o espírito originário se distrai e se desgasta dia e noite. Quando se esgotar completamente, o corpo morre. Descreveremos agora o método pelo qual se submete o espírito consciente e se protege o espírito originário. Mas isto será impossível se não começarmos por colocar a luz no movimento circular. É como se desejássemos construir uma casa suntuosa: primeiro devemos encontrar um bom fundamento. Só quando o fundamento estiver firme, podemos pôr mãos à obra e alicerçar o muro profunda e solidamente, edificando pilares e paredes. Se não fizermos as fundações deste modo, como poderemos terminar a casa? O método do cultivo da vida é exatamente o mesmo. O movimento circular da luz é comparável ao alicerce do edifício. Quando o alicerce está firme, podemos construir depressa. Preservar o centro amarelo com o fogo-espírito, eis o trabalho da construção. Por isso, o mestre esclarece de modo particular o método de como entrar no cultivo da vida, pedindo que se olhe com os dois olhos para a ponta do nariz, baixando as pálpebras, olhando para dentro e que se assente em tranquilidade, as costas retas, fixando o coração no centro em meio às circunstâncias.

Fixar o pensamento no espaço entre os dois olhos produz a entrada da luz. Depois, o espírito se cristaliza e entra no centro em meio às circunstâncias. O centro em meio às circunstâncias é o campo de elixir inferior, o espaço da força (plexo solar).

O mestre indica tudo isto secretamente ao dizer: Ao iniciar o trabalho devemos sentar-nos numa sala tranquila, o corpo como madeira seca, o coração como cinza fria. Baixemos então as pálpebras dos dois olhos e olhemos para dentro; purifiquemos o coração, lavemos o pensar, interrompamos os prazeres e preservemos a semente. Diariamente devemos sentar-nos no chão, de pernas cruzadas, para meditar. Detenha-se a luz dos olhos, cristalize-se o poder auditivo do ouvido, e restrinja-se o poder gustativo da língua, isto é, a língua deve ficar apoiada no céu da boca. A respiração pelo nariz deve ser ritmada e os pensamentos devem fixar-se no portal escuro. Se o ritmo da respiração não for previamente estabelecido, é de temer-se que haja perturbações respiratórias, com obstruções. Ao fecharmos os olhos, devemos voltar-nos, como ponto de referência, para um lugar situado no dorso do nariz; tal lugar fica pouco menos de meia polegada abaixo da interseção das linhas visuais, lá onde o nariz possui uma saliência. Então, começa-se a concentrar os pensamentos, torna-se rítmica a respiração, corpo e coração devem estar à vontade e harmônicos. A luz dos olhos deve brilhar tranquilamente, de modo prolongado, sem que haja sonolência ou distração. O olho não vê o que acontece fora, mas baixa as pálpebras e ilumina o interior. Este é então iluminado. A boca não fala, nem ri. Os lábios encontram-se cerrados e a respiração é interiorizada. A respiração fica neste lugar. O nariz não sente nenhum odor. O olfato fica neste lugar (interno). O ouvido não ouve o ruído exterior. A audição está neste lugar. O coração inteiro vigia o interior. Sua vigilância está neste lugar. Os pensamentos não se precipitam para fora, os pensamentos verdadeiros duram por si mesmos. Se os pensamentos são duradouros, a semente torna-se duradoura; se a semente é duradoura, a força torna-se duradoura; se a força é duradoura, o espírito torna-se duradouro. O espírito é o pensamento, o pensamento é o coração, o coração é o fogo, o fogo é o elixir. Quando se contempla o interior desse modo, o milagre de abrir e fechar dos portais do céu torna-se inesgotável. Mas sem tornar rítmica a respiração, não é possível efetuar os segredos mais profundos.

No início, se o discípulo não conseguir fixar seus pensamentos no espaço entre os dois olhos, não conseguindo também, ao fechar os olhos, trazer a força do coração até a contemplação do espaço da força, a causa mais provável é a seguinte: a respiração estará talvez muito ruidosa e apressada, o que provoca outros males, uma vez que o corpo e o coração continuam ainda preocupados em reprimir com violência a força ascendente e a respiração demasiado quente.

Quando se fixam apenas os pensamentos nos dois olhos, mas não se cristaliza o espírito no plexo solar (o centro em meio às circunstâncias), é como se alguém subisse até o vestíbulo, mas ainda não conseguisse entrar nos recintos interiores. Neste caso, o fogo-espírito não se acende, a força continua fria e dificilmente o verdadeiro fruto se revelará.

Por isso, o mestre sente o temor de que os homens, em seus esforços, fixem apenas os pensamentos no espaço do nariz, não cuidando de fixar as ideias no espaço da força; é por isso que o mestre usa a metáfora do pedreiro e do fio de prumo. O pedreiro recorre ao prumo apenas para ver se a parede está vertical ou inclinada; o fio serve apenas como linha diretriz. Depois de determinar a direção, ele pode começar o trabalho. Evidentemente, ele trabalha na parede e não no fio de prumo. Percebe-se então que fixar os pensamentos entre os olhos tem somente o sentido do pedreiro usando o fio de prumo. O mestre repete isto muitas vezes, porque receia que não se compreenda seu ponto de vista. Quando os discípulos entenderam como devem pôr mãos à obra, o mestre teme a interrupção do trabalho. Por isso, repete: "Só depois de um trabalho ininterrupto de cem dias, a luz é autêntica; e só então pode-se começar o trabalho com o fogo-espírito". Procedendo-se desse modo, concentradamente, após cem dias surge na luz, por si mesmo, um ponto de autêntica luz criativa (yang). Os discípulos devem examinar essas palavras com o coração sincero.

IV. Movimento circular da luz e modo de ritmar a respiração

Mestre Lü Dsu dizia: Deve-se cumprir a decisão tomada de todo o coração e não procurar o resultado. Então, este virá por si mesmo. No primeiro período do desencadeamento poderão ocorrer principalmente dois erros: a preguiça e a distração. Mas isto pode ser remediado. O coração não deve ser posto demasiadamente na respiração. A respiração vem do coração[14.] O que provém do coração é respiração. Assim que o coração é despertado, cria-se a força da respiração. Esta última é, originariamente, a atividade do coração, transformada. Quando nossas ideias correm muito depressa, ocorrem fantasias involuntárias que são sempre acompanhadas por uma aspiração, pois essa respiração interior e exterior é interligada como o som e o eco. Diariamente aspiramos inúmeras vezes e é igualmente incontável o

---

14. O sinal chinês para respiração, si, é composto pelo sinal dsí "de", "si mesmo" e pelo sinal sin "coração", "consciência". Portanto, pode ser interpretado como "provindo do coração", "tendo sua origem no coração", mas ao mesmo tempo significa o estado em que o "coração está em si mesmo", a tranquilidade.

número de fantasias. Desse modo esvai-se a clareza do espírito, da mesma forma que a madeira seca e a cinza se desfaz.

Significará tal coisa que não se deve ter ideias? Não podemos viver sem ideias. Acaso não se deve respirar? Não podemos viver sem respirar. A melhor coisa a fazer é transformar a doença em remédio. Já que a respiração e o coração dependem um do outro, devemos ligar o movimento circular da luz com o ritmo da respiração. Para isso, antes de mais nada, é necessário a luz do ouvido. Há uma luz do olho e uma luz do ouvido. A luz do olho é a luz unificada do sol e da lua, fora. A luz do ouvido é a semente unificada do sol e da lua, dentro. A semente é, portanto, a luz em forma cristalizada. Ambas têm a mesma origem e apenas se diferenciam pelo nome. Por isso, a compreensão (ouvido) e a clareza (olho) são, ambas, uma e a mesma luz atuante.

Ao sentar, depois de baixarmos as pálpebras, usamos os olhos para estabelecer um fio de prumo e depois transferir a luz para baixo. Se não conseguirmos transferi-la para baixo, devemos voltar o coração no sentido de ouvir a respiração. Mas não podemos ouvir com o ouvido a saída e a entrada do ar, na respiração. O que se ouve é justamente a ausência de som. Se houver algum som, a respiração é grosseira e superficial e não se libera. Devemos tornar o coração leve e despercebido. Quanto mais o soltarmos, tanto mais despercebido e tranquilo ele se torna. De repente, torna-se tão silencioso a ponto de parar. Neste momento a respiração se manifesta e a forma do coração pode tornar-se consciente. Quando o coração é sutil, a respiração é sutil; cada movimento do coração produz a força da respiração. Quando a respiração é sutil, o coração é sutil; pois cada movimento da força da respiração atua sobre o coração. Para fixarmos o coração devemos cuidar em primeiro lugar do cultivo da força da respiração. Não podemos atuar diretamente sobre o coração. Por isso, tomamos a força da respiração como um ponto de apoio, isto é, aquilo a que se chama a preservação da força concentrada da respiração.

Filhos, não compreendeis a essência do movimento? O movimento pode ser gerado mediante meios externos. Isto é somente outro nome para domínio. Ao correr, simplesmente, pomos o coração em movimento. Assim, como não poderíamos pô-lo em sossego mediante o repouso concentrado? Os grandes santos, que reconheceram a influência recíproca do coração e da força da respiração, inventaram um processo mais fácil, que pudesse servir para a posteridade.

No Livro do Elixir[15] lê-se: "A galinha pode chocar seus ovos porque seu coração está sempre ouvindo". Esta é uma fórmula mágica importante. O motivo que faz com que a galinha choque é a força do calor. Mas a força do calor só pode aquecer as cascas, não penetrando no interior. Por isso, ela conduz essa força para dentro, com o coração. E o faz mediante o ouvido. Assim, concentra todo o seu coração. Quando este penetra, a força também penetra e o filhote obtém a força do calor e se torna vivo. A galinha, mesmo quando às vezes abandona seus ovos, tem sempre a atitude de quem mantém o ouvido atento: a concentração do espírito não experimenta pois nenhuma interrupção. E pelo fato de a concentração do espírito não experimentar nenhuma interrupção, a força do calor também não sofre, quer de dia, quer de noite, qualquer interrupção e o espírito desperta para a vida. O despertar do espírito só se efetua porque o coração já morreu. Quando o homem pode permitir que seu coração morra, o espírito originário desperta para a vida. Matar o coração não equivale a secá-lo e estorricá-lo; significa que ele se tornou indiviso e unificado.

Buda dizia: "Se fixares teu coração num ponto, nada te será impossível". O coração escapa facilmente; portanto, devemos concentrá-lo através da força da respiração. A força da respiração torna-se facilmente grosseira, por isso, devemos refiná-la com o coração. Se assim o fizermos, como não o fixaríamos?

---

15. Um livro secreto das seitas da pílula de ouro da vida.

2º ESTÁGIO DA MEDITAÇÃO:
Começo do renascimento no espaço da força

Através do trabalho tranquilo a ser realizado diariamente, sem interrupção, duas faltas são combatidas: a preguiça e a distração; o resultado certamente será obtido. Se não nos sentarmos para a meditação, distrair-nos-emos muitas vezes, ainda que não o notemos. Conscientizar a distração é o mecanismo que conduz à eliminação da distração. A preguiça da qual não somos conscientes e a preguiça da qual somos conscientes estão a milhares de milhas uma da outra. A preguiça inconsciente é realmente preguiça, ao passo que a preguiça consciente não é pura preguiça, pois há nela algo de claridade. A distração se baseia na errância do espírito e a preguiça revela que o espírito ainda não está puro. É muito mais fácil corrigir a distração do que a preguiça. Pensemos numa doença; quando sentimos dores e coceiras, podemos remediá-las com medicamentos. A preguiça, no entanto, se assemelha a uma doença que se liga à insensibilidade. A distração não impede o processo de concentrar-se, a confusão não impossibilita a ordem, mas a preguiça e o estar absorto são modos de ser apáticos e obscuros. A distração e a confusão pelo menos têm um lugar; na preguiça e no estar absorto, só a *anima* atua. Na distração, o *animus* ainda participa, mas na preguiça o totalmente obscuro impera. Quando ficamos sonolentos durante a meditação, isto é um efeito da preguiça. A respiração é o único meio de eliminá-la. Ainda que a respiração que entra e sai pelo nariz e pela boca não seja a verdadeira respiração, o fluir para dentro e para fora da verdadeira respiração se relaciona com ela.

Ao sentar-se, é necessário que se mantenha tranquilo o coração e a força, concentrada. De que modo podemos tranquilizar o coração? Através da respiração. Só o coração deve ter consciência do fluir para fora e para dentro da respiração; não devemos ouvi-la com os ouvidos. Se não a ouvirmos, a respiração é sutil e, se for sutil, é pura. Se a ouvirmos, a força da respiração é grosseira; se for grosseira, é turva; e, sendo turva, surge a preguiça e a tendência a ficar absorto e a dormir. Isto é claro por si mesmo.

Devemos, no entanto, saber como utilizar o coração corretamente, ao respirarmos. Trata-se de uma utilização sem utilização. Deve-se deixar incidir a luz, levemente, sobre o ouvir. Esta sentença contém um sentido secreto. O que significa deixar incidir a luz? É o próprio irradiar da luz do olho. O olho olha apenas para dentro, e não para fora. Sentir a claridade sem olhar para fora, significa olhar para dentro; não se trata de um verdadeiro olhar para dentro. O que significa ouvir? É o próprio ouvir da luz do ouvido. O ouvido escuta somente para dentro, sem escutar para fora. Sentir a claridade sem escutar para fora, significa escutar para dentro; não se trata de um verdadeiro escutar para dentro. Neste ouvir, só se ouve que não há som; neste contemplar só se vê que não há forma. Quando o olho não olha para fora e o ouvido não escuta para fora, então eles se fecham e tendem a mergulhar para dentro. Só quando se olha e se escuta para dentro, o órgão não sai para fora, nem mergulha para dentro. Deste modo, a preguiça é eliminada, assim como a tendência a ficar absorto. Esta é a união das sementes e da luz do sol e da lua.

Se devido à preguiça tornamo-nos sonolentos, levantemos e caminhemos de um lado para outro. Quando o espírito se tornar claro, sentemo-nos de novo. Quando houver tempo, pela manhã, fiquemos sentados durante o tempo que uma varinha de incenso leva para queimar, é o melhor. De tarde, os assuntos humanos nos perturbam e por isso caímos facilmente num estado de preguiça. Mas não devemos depender da varinha de incenso. O que devemos, é deixar de lado todas as complicações e permanecer sentados durante algum tempo, inteiramente tranquilos. Com o tempo o conseguiremos, sem sucumbir à preguiça e à sonolência.

A ideia mestra desta seção é que o mais importante para o movimento circular da luz consiste em tornar rítmica a respiração. Quanto mais o trabalho progredir, tanto mais os ensinamentos se aprofundarão. Ao empenhar-se no movimento circular da luz, o discípulo deve relacionar coração e respiração, a fim de evitar os males da preguiça e da distração. O mestre teme que os principiantes sejam dominados por fantasias confusas, enquanto estão sentados, com as pálpebras descidas; tais fantasias fazem o coração disparar, tornando-se difícil controlá-lo. Por isso, o mestre ensina o trabalho de contar os movimentos da respiração e fixar os pensamentos do coração, para evitar que a força do espírito flua para fora.

Pelo fato de a respiração vir do coração, sabemos que a respiração arrítmica é produzida pela intranquilidade do coração. Assim, temos de expirar e aspirar com muita sutileza, de forma que a respiração seja inaudível para o ouvido; só o coração deve contar, inteiramente em sossego, as respirações. Quando o coração esquece o número das respirações, isto é sinal de que o coração fugiu para fora. Devemos então firmar o coração. Quando o ouvido não ouve atentamente, ou os olhos não olham para o dorso do nariz, o coração também pode fugir para fora ou sobrevêm o sono. Isto é um sinal de que o estado do indivíduo tende para a confusão e para ficar absorto; devemos, neste caso, pôr em ordem o espírito-semente. Quando, ao baixarmos as pálpebras, e procurarmos a direção do nariz, se não fecharmos bem a boca e não cerrarmos os dentes, ocorre facilmente que o coração fuja para fora. Neste caso, devemos fechar rapidamente a boca e cerrar os dentes. Os cinco sentidos orientam-se pelo coração e o espírito deve recorrer ao auxílio da força da respiração, para que o coração e a respiração se sincronizem. Deste modo, necessitamos, no máximo, de um trabalho diário de alguns quartos de hora; assim, o coração e a respiração se sincronizam e coordenam por si sós, e não há mais necessidade de contar: a respiração torna-se rítmica por si mesma. Depois que a respiração se torna rítmica, desaparecem com o tempo, por si sós, a preguiça e a distração.

V. Equívocos durante o processo do movimento circular da luz

Mestre Lü Dsu dizia: Vosso trabalho torna-se pouco a pouco concentrado e maduro, mas, antes do estado em que nos sentimos sentados diante do rochedo como uma árvore seca, há muitas possibilidades de equívocos que eu gostaria de ressaltar de modo especial. Esses estados só são reconhecidos quando os vivenciamos pessoalmente. Assim sendo, eu os enumero aqui. Minha orientação se diferencia da orientação ioga budista (Dschan Dsung)[16], por ter, passo a passo, seus sinais confirmadores. Primeiro, gostaria de falar dos equívocos, para depois tratar dos sinais confirmadores.

Quando decidimos levar a cabo nossa resolução, devemos cuidar, antes de mais nada, de que tudo se processe numa posição confortável e relaxada. Não se deve exigir demais do coração. Devemos cuidar para que a força e o coração se correspondam de modo recíproco e automático. Só então se alcança o estado de repouso. Durante o estado de repouso, devemos cuidar das circunstâncias e do espaço corretos. Não devemos sentar-nos em meio a assuntos insignificantes, ou, como é costume dizer, a mente não deve ocupar-se de futilidades. Devemos deixar de lado todas as complicações, para sermos soberanos e independentes. Também não devemos dirigir os pensamentos para a execução correta. Quando nos esforçamos demasiado, tal perigo se apresenta. Não pretendo dizer com isto que devemos evitar todo e qualquer esforço; a atitude correta está no meio, entre o ser e o não ser. Quando atingimos intencionalmente a não intencionalidade, então a captamos. Soberanos e sem perturbação, abandonemo-nos naturalmente.

Além disso, não devemos sucumbir à sedução do mundo. O mundo sedutor é aquele em que as cinco espécies de demônios fazem suas artimanhas; é o caso, por exemplo, de quando, após o

---

16. Zen, em japonês.

exercício da fixação, se têm principalmente pensamentos de madeira seca e de cinzas extintas, e poucos acerca da primavera luminosa na grande terra. Deste modo, mergulha-se no mundo do obscuro. A força aí é fria, a respiração difícil e surge uma quantidade de imagens que representam o frio e aquilo que se extingue. Quando nos demoramos nesse estado por muito tempo, entramos no domínio das plantas e das pedras.

Não devemos também sucumbir à sedução dos dez mil enredos. Isto acontece quando, após um estado inicial de repouso, ocorre, de repente e sem cessar, toda espécie de ligações. Queremos rompê-las, sem consegui-lo; então as seguimos e sentimo-nos como que aliviados. Isto quer dizer: o senhor torna-se servo. Se perseverarmos nesse estado por muito tempo, caímos no mundo dos desejos ilusórios.

No melhor dos casos, chegamos ao céu, e, no pior, misturamo-nos aos espíritos-raposa[17]. O espírito-raposa pode também atuar em cordilheiras famosas, para usufruir o vento e a luz, para deliciar-se com flores e frutos e regozijar-se com árvores de corais e gramados de joias preciosas. Mas depois de atuar deste modo durante trezentos ou quinhentos anos ou, no máximo, durante alguns milênios, sua recompensa termina e nasce de novo no mundo do desassossego.

Todos esses caminhos são errôneos. Quando conhecemos o caminho errôneo, podemos investigar os sinais confirmadores.

O sentido desta seção[18] é chamar a atenção para os caminhos errôneos da meditação, a fim de entrar no espaço da força e não na caverna da fantasia. Esta última é o mundo dos demônios. É o caso, por exemplo, de

---

17. Segundo a crença popular chinesa, as raposas também podem preparar o elixir da vida; através dele elas adquirem a capacidade de se transformarem em seres humanos. Elas correspondem aos demônios da natureza da mitologia ocidental.
18. Esta seção mostra uma nítida influência budista. A tentação aqui mencionada é a de que tais fantasias podem induzir-nos a considerá-las como reais, fazendo-nos sucumbir a elas (cf. a cena em que Mefistófeles, através de seus demônios, produz em Fausto um estado de sonolência).

quando nos sentamos para meditar e vemos chamas luminosas ou múltiplas cores, ou então Bodhisatvas e deuses que se aproximam, e outras fantasias do mesmo gênero. Quando não se consegue unificar a força e a respiração, ou quando a água dos rins não sobe, mas é impelida para baixo e a força originária se torna fria e a respiração pesada, as suaves forças da luz da grande terra são muito escassas, fazendo com que se entre no mundo vazio da fantasia. Quando, ao sentarmos, as ideias se multiplicam, levantam voo e tentamos reprimi-las sem o conseguir, deixamo-nos levar por elas e com isso nos sentimos mais leves. Neste caso, não podemos prosseguir a meditação em hipótese alguma. Devemos levantar-nos, caminhar um pouco de um lado para outro, até que a força e o coração se sintonizem de novo. Só então, devemos sentar-nos novamente para a meditação. Ao meditar, devemos desenvolver uma espécie de intuição consciente de que se sente a força e a respiração se unindo no campo do elixir, que um cálido irromper da verdadeira luz começa a agitar-se surdamente; encontramos neste caso o espaço correto. Depois de encontrarmos o espaço correto, estamos a salvo do perigo de cair no mundo do desejo ilusório ou dos demônios sombrios.

VI. As vivências confirmadoras no processo do movimento circular da luz

Mestre Lü Dsu dizia: Há muitos tipos de vivências confirmadoras. Não devemos contentar-nos com exigências modestas, mas elevar-nos ao pensamento de que todos os seres vivos devem ser salvos. Longe de nós a negligência e a leviandade; esforcemo-nos no sentido de confirmar nossas palavras pelas ações.

Quando, durante o silêncio, o espírito é tomado ininterruptamente pela sensação de uma grande euforia, como se estivesse embriagado ou a sair de um banho, isto é um sinal de que o princípio luminoso está em harmonia em todo o corpo; então a flor de ouro já está em botão. Quando, depois, todas as aberturas estão tranquilas e a lua de prata se acha no meio do céu e se tem a impressão de que a grande terra é um mundo de luz e de claridade, isto é um sinal de que o corpo do coração se abre para a lucidez. Este é o sinal de que a flor de ouro desabrocha.

Além disso, o corpo inteiro sente-se firme e vigoroso, de modo que não receia nem a tempestade, nem a geada. Coisas que são desagradáveis para outros não podem perturbar em mim a claridade do espírito-semente. O ouro amarelo enche a casa e os degraus são de jade branco. Coisas podres e nauseabundas sobre a terra, quando tocadas por um alento da verdadeira força, tornam-se imediatamente vivas. O sangue vermelho transforma-se em leite; o corpo carnal e frágil é puro ouro e pedras preciosas. Este é o sinal de que a flor de ouro se cristaliza.

O Livro da Contemplação Coroada de Êxito (Ying Guan Ging) diz: "O sol se põe na grande água e surgem imagens mágicas de árvores enfileiradas". O pôr do sol significa que os alicerces já foram postos no caos (mundo antes da manifestação, ou mundo inteligível): este é o estado isento de polaridades (wu gi). O bem eminente é como a água pura e sem mácula. Este é o senhor da grande polaridade, o deus que avança ao sinal do incitador (dschen)[19]. A imagem do incitador é a madeira, daí a imagem das árvores enfileiradas. A série de sete árvores enfileiradas significa a luz das sete aberturas do corpo (ou aberturas do coração). A direção do criativo fica ao noroeste. Avançando uma posição, surge o abissal. O sol que se põe na grande água é a imagem do criativo e abissal. O abissal é a direção da meia-noite (rato, dsï, norte). No solstício de inverno, o trovão (dschen) é completamente encoberto e escondido em meio à terra. Apenas quando o sinal do incitador é alcançado, o polo de luz avança de novo sobre

---

19. Cf. I Ging, Seção Schuo Gua (sobre os sinais). Dschen é o sinal do trovão, da primavera, do leste, da madeira. Nesta disposição, o criativo, o céu, fica no noroeste; o abissal, no norte.

3º ESTÁGIO DA MEDITAÇÃO
Liberação do corpo-espírito para uma existência autônoma

a terra. Esta é a imagem das árvores enfileiradas. O restante se revela de acordo com o que foi dito.

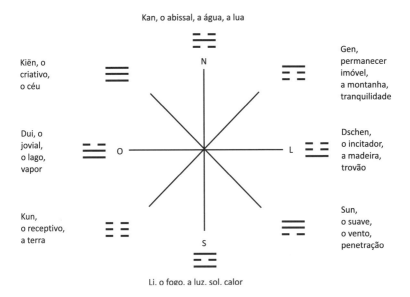

A segunda seção significa: erguer o alicerce sobre isto. O grande mundo é como o gelo, um mundo vítreo de joias. O brilho da luz se cristaliza aos poucos. Por isso, surge uma esplanada elevada e nela, com o passar do tempo, aparece Buda. Quando o ser de ouro aparece, quem poderia ser, senão Buda? Porque Buda é o santo de ouro da grande iluminação. Esta é uma grande experiência confirmadora.

Há três experiências confirmadoras que podemos experimentar. A primeira é que, quando entramos no estado de meditação, os deuses[20] se encontram no vale. Ouve-se então pessoas falando e cada voz é nítida, como se estivessem a algumas centenas de passos. Mas as vozes soam como um eco no vale. Nós as ouvimos sempre, mas nunca à nossa própria voz. A isto se chama a presença dos deuses no vale.

---

20. Cf. LAO-TSÉ. Taoteking, seção 6.

Às vezes podemos experimentar o seguinte: logo que se entra em tranquilidade, a luz dos olhos começa a chamejar, de modo que diante de nós tudo se torna iluminado, tal como se estivéssemos dentro de uma nuvem. Se abrirmos os olhos e procurarmos o nosso corpo, não o encontraremos. Chama-se a isto: "O aposento vazio torna-se luminoso". Dentro e fora, tudo fica igualmente luminoso. Este é um sinal muito favorável.

Quando nos sentamos para meditar, o corpo carnal torna-se inteiramente brilhante, como seda ou jade. É difícil permanecer sentados, pois sentimo-nos como que arrebatados. Isto significa: "O espírito regressa e bate no céu". Com o tempo podemos ter a vivência de que verdadeiramente levitamos.

As três experiências citadas já podem ser feitas. Mas nem tudo pode ser verbalizado. Conforme a predisposição de cada pessoa, manifestam-se coisas diferentes. Se experimentarmos os estados que acabamos de mencionar, isto é o sinal de uma boa predisposição. Dá-se o mesmo que ao beber água. Nós mesmos é que sabemos se a água é quente ou fria. Assim é que devemos convencer-nos pessoalmente no tocante a essas experiências; somente então elas são autênticas.

VII. O caráter vivo do movimento circular da luz

Mestre Lü Dsu dizia: Quando pouco a pouco se consegue pôr em curso o movimento circular da luz, nem por isso se deve abandonar a profissão habitual. Os antigos diziam: Quando as ocupações se nos propõem, devemos aceitá-las; quando as coisas acontecem em nossa vida, devemos compreendê-las até o fundo. Quando, mediante os pensamentos corretos, os assuntos são postos em ordem, a luz não é manipulada pelas coisas externas, mas circulará segundo sua própria lei. Deste modo, se estabelece o até então invisível movimento circular da luz, e muito mais no caso de tratar-se do verdadeiro e autêntico movimento circular da luz, que já se manifestara com nitidez.

Quando, na vida habitual, reagimos constantemente às coisas só por reflexos, sem que um pensamento interfira no outro e em mim, isto constitui um modo do movimento circular da luz resultante das circunstâncias. É o primeiro segredo.

Quando, pela manhã, nos livramos de todas as complicações e meditamos cada vez por algumas horas, conseguindo sintonizar-nos num método reflexo puramente objetivo frente a todas as atividades e coisas exteriores, e quando, sem qualquer interrupção, prosseguimos desse modo, após dois ou três meses, todos os perfeitos vêm do céu e confirmam tal conduta.

A seção anterior trata dos campos bem-aventurados, nos quais entramos ao progredirmos no trabalho. Esta seção tem por finalidade mostrar aos discípulos como devem, dia a dia, dar uma forma cada vez mais sutil ao seu trabalho, a fim de logo alcançarem o elixir da vida. Por que falará o mestre, justamente agora, que não se deve renunciar à profissão civil? Poder-se-ia pensar que o mestre pretende impedir que o discípulo alcance depressa o elixir da vida. Aquele que sabe, porém, replica: Não é isso! Preocupado que o discípulo ainda não tenha cumprido o seu carma, o mestre se exprime desse modo. Quando já se conduziu o trabalho até os campos bem-aventurados, o coração torna-se como um espelho de água. Quando as coisas se aproximam, ele as revela; quando as coisas se vão, espírito e força reúnem-se por si mesmos, não se deixando arrastar pelas coisas externas. É isto que o mestre indica ao dizer: devemos renunciar completamente a que um pensamento interfira no outro e em nós mesmos. Quando o discípulo consegue concentrar-se sempre, fixando pensamentos verdadeiros no espaço da força, não precisa pôr a luz em circulação e a luz circula por si mesma. Quando a luz circula, o elixir é gerado por si mesmo, e isso não impede que realizemos, ao mesmo tempo, trabalhos do mundo. No começo do trabalho da meditação, quando espírito e força ainda estão dispersos e confusos, a situação é diferente. Se não conseguirmos afastar de nós os assuntos do mundo e encontrar um lugar tranquilo, onde nos concentremos com toda intensidade, evitando a perturbação da atividade comum, talvez sejamos diligentes pela manhã, e certamente preguiçosos à tarde; assim, pois, quanto tempo levará para penetrarmos até os segredos verdadeiros? Por isso se diz: Quando começamos a dedicar-nos ao trabalho, devemos desvencilhar-nos dos assuntos domésticos. Mas se isto não é totalmente possível, devemos encarregar alguém dessa tarefa, para podermos nos aplicar com todo o zelo. Porém, quando o trabalho progrediu até o ponto de vivenciarmos confirmações secretas, nada impede que ordenemos de novo nossos assuntos cotidianos, para cumprirmos o nosso carma. Isto revela o caráter vivo do movimento circular da luz. Em tempos idos, o homem verdadeiro da luz polar purpúrea (Dsi Yang Dschen Jen) disse estas palavras: "Quando se cuida de sua transformação, mesclado ao mundo, mas em concordância com a luz, o redondo é redondo e o anguloso, anguloso; vive-se então no meio das pessoas, secretamente manifesto, diferente, mas igual, e ninguém pode avaliá-lo; ninguém percebe, pois, nossa secreta mudança". O caráter vivo do movimento circular da luz significa justamente viver misturado com o mundo e, no entanto, em sintonia com a luz.

VIII. Fórmulas mágicas para viajar à distância

Mestre Lü Dsu dizia: Yü Tsing deixou-nos uma fórmula mágica para viajar à distância:

"Quatro palavras cristalizam o espírito no espaço da força.
No sexto mês repentinamente se vê voar a neve branca.
À terceira vigília vê-se, ofuscante, brilhar o disco do sol.
Sopra na água o vento do suave.
Peregrinando no céu, come-se a força-espírito do receptivo.
E o segredo mais profundo ainda do segredo:
O país que não fica em parte alguma é a pátria verdadeira..."

Estes versos são muito misteriosos. Seu significado é o seguinte: O mais importante em amplo sentido são as quatro palavras: Na não ação, a ação. A não ação impede que nos emaranhemos na forma e na imagem (corporeidade). A ação na não ação impede que afundemos

4º ESTÁGIO DA MEDITAÇÃO
O centro em meio às circunstâncias

no vazio rígido e no nada sem vida. O efeito repousa inteiramente no Uno central, o desencadear do efeito se acha nos dois olhos. Os dois olhos são como o eixo do grande carro, que faz girar toda a criação; eles põem em circulação os polos do luminoso e do obscuro. O elixir repousa, do princípio ao fim, no seguinte: O metal em meio à água, isto é, o chumbo no lugar da água. Até agora falamos do movimento circular da luz e com isto indicamos o desencadear inicial que atua do exterior sobre o interior. Isto é para ajudar a receber o Senhor. Serve para os discípulos, nos primeiros estágios: eles cultivam as duas passagens inferiores a fim de obter a passagem superior. Depois que se torna clara a sucessão, e conhecido o modo do desencadeamento, o céu não se mostra mais parcimonioso quanto ao sentido, mas revela o axioma supremo. Vós, discípulos, deveis mantê-lo secreto, e esforçai-vos!

O movimento circular da luz é sua designação completa. Quanto mais o trabalho progride, mais iminente se torna o desabrochar da flor de ouro. Mas há ainda um modo mais sublime do movimento circular da luz. Até agora, atuamos de fora para dentro; chegou o momento de permanecermos no centro e dominar o exterior. Até aqui se tratava de um serviço de ajuda ao Senhor, agora se trata de uma propagação das ordens desse Senhor. Toda a relação se inverte. Se desejarmos penetrar por esse método nas regiões mais sutis, em primeiro lugar, devemos dominar completamente corpo e coração; devemos estar totalmente livres e tranquilos, desembaraçados de todas as complicações, sem a mínima agitação, para que o coração celeste permaneça exatamente no centro. Baixemos então as pálpebras dos dois olhos, tal como se recebêssemos um mandato sagrado, um chamado para sermos ministros. Quem ousaria desobedecer? Nesse momento se ilumina com os dois olhos, interiormente, a casa do abissal (água, kan). Onde quer que apareça a flor de ouro, vem ao seu encontro a verdadeira luz polar. O aderente (o luminoso, li) é luminoso fora e obscuro dentro; este é o corpo do criativo. Aquele obscuro se introduz e se torna Senhor. Consequentemente, o coração (consciência) surge, dependente das coisas, e é dirigido para fora, impelido de um lado para outro, na torrente. Mas quando a luz que circula brilha para dentro, não aparece dependente das coisas e a força do obscuro é fixada, e a flor de ouro brilha concentradamente. Isto é a luz polar concentrada. O semelhante atrai o semelhante. Dessa forma, a linha polar de luz do abissal força para cima. Não se trata apenas do luminoso no abismo, mas da luz criativa que se encontra com a luz criativa. Logo que estas duas substâncias se encontram, ligam-se indissoluvelmente e surge uma vida incessante, que vai e vem, sobe e desce por si mesma, na casa da força originária. Somos colhidos por um sentimento de claridade e de infinitude. O corpo inteiro torna-se leve e quer voar. Este é o estado do qual se diz: As nuvens conferem plenitude às mil montanhas. Pouco a pouco, se vai de um lado para outro, levemente, e de um modo imperceptível se sobe e se desce, o pulso para e cessa a respiração. Este é o momento da verdadeira união geradora, o estado do qual se diz: A lua concentra as dez mil águas. Em meio a esta escuridão, repentinamente, o coração celeste inicia um movimento. Este é o retorno da luz una, o tempo do nascimento da criança.

No entanto, os pormenores devem ser explicados minuciosamente. Quando o homem espreita ou ausculta alguma coisa, olho e ouvido movem-se, acompanhando as coisas, até que elas desapareçam. Estes movimentos são súditos e quando o Senhor celeste os acompanha em seu serviço, isto significa: co-habitar com demônios.

Quando, em cada movimento, em cada quietude coabitamos com homens, não com demônios, então o Soberano celestial é o verdadeiro homem. Quando ele se move, nós nos movemos juntamente com ele; então o movimento é a raiz do céu. Quando ele permanece em quietude, nós permanecemos em quietude juntamente com ele; então a quietude é a caverna da lua. Quando ele continua ininterruptamente em movimento e quietude, continuamos ininterruptamente em movimento e quietude juntamente com ele. Quando ele sobe e desce ao aspirar e expirar, subimos e descemos juntamente com ele, ao aspirar e expirar: isto é o que se chama ir e vir entre a raiz do céu e a caverna da lua. Quando o coração celeste permanece em quietude, o movimento antes do tempo certo é uma falta de fluidez. Quando o coração celeste já se moveu, o movimento que tarda em corresponder-lhe é um erro da rigidez. Assim que o coração celeste se move, devemos subir imediatamente à casa do criativo, com todo o ânimo; assim, a luz do espírito vê o cimo; este é o guia. Este movimento corresponde ao tempo. O coração celeste sobe ao cimo do criativo e aí se expande em plena liberdade. Repentinamente, ele experimenta um anseio de profunda quietude, e então deve-se introduzi-lo o mais rapidamente possível, e com todo o ânimo, no castelo amarelo; assim, a luz dos olhos vê a morada do espírito, central e amarela.

Quando então o desejo se acalma, não surge um só pensamento; aquele que olha para dentro esquece repentinamente que olha. Neste momento, corpo e coração devem ficar completamente relaxados. Todas as complicações desaparecem, sem deixar vestígios. Então eu também não sei onde fica minha casa do espírito e o meu crisol. Se quisermos certificar-nos acerca de nosso corpo, não é possível atingi-lo. Este estado é o penetrar do céu na terra, o tempo em que todos os prodígios retornam à sua raiz. Isto ocorre quando o espírito cristalizado entra no espaço da força.

O Uno é o movimento circular da luz. No início, ao começarmos, a luz está dispersa e desejamos concentrá-la; os seis sentidos não estão em atividade. Trata-se aqui de cultivar a própria origem e alimentá-la, de encher-se de óleo, quando nos aproximamos para receber a vida. Se tivermos avançado até o ponto de conseguir concentrá-la, sentimo-nos leves e livres e não precisamos mais fazer esforço algum. Esta é a tranquilização do espírito no espaço dos ancestrais, a captação do céu primeiro.

Tendo avançado até o ponto em que toda a sombra e todo o eco se extinguem, sentindo-nos inteiramente tranquilos e firmes, estamos ao abrigo na caverna da força, onde todo o prodigioso retorna à raiz. Não mudamos o lugar, mas o lugar se divide. É o espaço incorpóreo, onde mil lugares e dez mil lugares são um só lugar. Não mudamos o tempo, mas o tempo se divide. É o tempo incomensurável, em que todos os eons são como um instante.

Enquanto o coração não alcançar a suprema tranquilidade, não pode mover-se. Move-se o movimento e se esquece o movimento; isto não é propriamente o movimento. Por isso se diz: quando nos movemos estimulados pelas coisas exteriores, isto é o impulso do ser. Quando não nos movemos estimulados pelas coisas exteriores, isto é o movimento do céu. O ser, que se opõe ao céu, pode cair sob o domínio dos impulsos. Os impulsos dependem da existência de coisas exteriores. São pensamentos que ultrapassam a própria situação. Então um movimento leva a outro movimento. Quando, porém, não surge representação alguma, nascem as verdadeiras representações. Esta é a verdadeira ideia. Quando estivermos em tranquilidade, firmes, e de repente se inicia o desencadear do céu, não se trata de um movimento desprovido de intencionalidade? A ação na não ação tem precisamente este significado.

No que concerne ao começo da poesia citada, os dois primeiros versos se referem totalmente à atividade da flor de ouro. Os dois versos seguintes tratam da interpenetração recíproca do sol e da lua. O sexto mês é o aderente (li), o fogo. A neve branca que voa é o obscuro polar verdadeiro em meio ao sinal do fogo, que está prestes a transformar-se no receptivo. A terceira vigília é o abissal (kan), a água. O disco solar é o único traço polar no sinal da água, que está na iminência de transformar-se no criativo. Aí está contido o modo pelo qual se toma o sinal do abissal e se inverte o sinal do aderente.

Os dois versos seguintes tratam da atividade do eixo do grande carro, o subir e o descer de todo o desencadeamento polar. A água é o sinal do abissal, o olho é o vento do suave (sun). A luz dos olhos ilumina o interior da casa do abissal e lá rege a semente do grande luminoso. "No céu": isto é a casa do criativo (kiën). "Peregrinando, come-se a força do espírito do receptivo". Isto indica o modo pelo qual o espírito penetra na força, o modo pelo qual o céu penetra na terra, a fim de alimentar o fogo.

Os dois últimos versos, finalmente, apontam para o segredo mais profundo, do qual não prescindimos do começo ao fim. Isto é o lavar do coração e o purificar dos pensamentos; é o banho. A ciência sagrada principia com o conhecimento de quando devemos deter-nos e termina com o deter-se no supremo bem. Seu começo está além da polaridade e desemboca novamente além da polaridade.

Buda fala do efêmero como sendo aquilo que gera a consciência e fundamenta a religião. E, em nosso taoismo, todo o trabalho repousa na expressão: "produzir o vazio", que implica consumar a perfeição do ser e da vida. As três religiões concordam na proposta comum de encontrar o elixir espiritual a fim de passar da morte para a vida. Em que consiste este elixir espiritual? Pode-se dizer que consiste na ausência de qualquer intencionalidade. O segredo mais profundo do banho de que fala nosso ensinamento limita-se, desse modo, ao trabalho de esvaziar o coração. Assim o conseguimos. O que aqui revelei, em uma palavra, é fruto de um esforço de dezenas de anos.

Se ainda não estiver claro até que ponto três seções podem estar contidas numa só seção, quero esclarecer-vos mediante a tríplice contemplação budista sobre o vazio, a ilusão e o centro.

A primeira dessas três contemplações é o vazio. Veem-se todas as coisas como vazias. Segue-se a experiência de que são ilusórias. Apesar de sabermos que são vazias, não as destruímos, mas, em meio ao vazio, continuamos nossas ocupações. Entretanto, embora não destruamos as coisas, não prestamos atenção a elas: é a contemplação do centro. Enquanto cultivamos a contemplação do vazio, sabemos que não podemos destruir as dez mil coisas, sem no entanto as levar em consideração. Assim, as três contemplações coincidem. Mas a fortaleza repousa afinal na contemplação do vazio. Por isso, quando cultivamos a contemplação do vazio, o vazio está seguramente vazio, a ilusão está vazia, e o ponto central também está vazio. Ao cultivarmos a contemplação da ilusão, é necessário uma grande fortaleza; desta forma, a ilusão é realmente ilusão, o vazio também é ilusão e o centro também é ilusão. No caminho do centro criamos imagens do vazio, mas não as consideramos vazias, e sim centrais. Cultivamos as contemplações da ilusão, mas não as consideramos ilusórias, e sim, centrais. No que concerne ao centro, não precisamos acrescentar mais nada.

Esta seção cita em primeiro lugar a fórmula mágica de Yü Tsing para a viagem à distância. Esta fórmula mágica revela que o prodígio secreto do sentido consiste no modo pelo qual algo se cria a partir do nada. No momento em que o espírito e a força se unem, se cristalizando, forma-se com o tempo, em meio ao vazio do nada, um ponto do verdadeiro fogo. Durante esse tempo, quanto mais tranquilo estiver o espírito, tanto mais claro será o fogo. A claridade do fogo é comparável ao calor do sol do sexto mês. Enquanto o fogo chamejante vaporiza a água do abissal, o vapor da água é aquecido e, ultrapassando o ponto de fervura, vai para o alto como neve que voa; isto significa que no sexto mês se vê a neve voar. Mas devido ao fato de a água evaporar-se pelo fogo, desperta a força verdadeira; no entanto, quando o escuro está tranquilo, o claro se move; isto se assemelha à situação da meia-noite. Por isso, os adeptos chamam a esse tempo o tempo da meia-noite viva. Nele se atua sobre a força, com o intuito de fazê-la ascender no sentido reversivo, e depois descer, no sentido direto, tal como a roda solar gira pesadamente para cima. Por isso diz-se: "Na terceira vigília, vê-se o disco solar brilhando de modo ofuscante". O método da rotação serve-se da respiração a fim de atiçar o fogo do portal da vida; desse modo, consegue-se que a força verdadeira volte a seu lugar originário. Diz-se, por esse motivo, que o vento sopra na água. Desta força do céu primeiro se desenvolve a aspiração e a expiração do céu posterior e sua força que atiça.

O caminho vai do osso sacro para cima de modo reversivo, até o cimo do criativo, atravessando a casa do criativo; depois, desce através dos dois níveis no sentido direto e entra no plexo solar, aquecendo-o. Por isso, diz-se: "Peregrinando pelo céu, come-se a força do espírito do receptivo". Enquanto a verdadeira força retorna ao lugar vazio, com o passar do tempo, força e forma tornam-se ricas e plenas, e corpo e coração, alegres e felizes. Quando não se alcança tal estado através do trabalho do girar a roda do ensinamento, de que outro modo se conseguiria iniciar essa viagem à distância? O importante é que o espírito cristalizado reverbere sobre o fogo do espírito e, com extrema tranquilidade, atice o "fogo em meio à água", que se encontra em meio à caverna vazia. Por isso diz-se: "E o segredo mais profundo ainda do segredo: o país que não fica em parte alguma é a pátria verdadeira". O discípulo já penetrou em seu trabalho nas regiões secretas; mas se ele não conhecer o método de fundir, dificilmente o elixir da vida se produzirá. Por isso o mestre revelou o segredo ciosamente guardado pelos antigos santos. Quando o discípulo deixa aderir o espírito cristalizado em meio à caverna da força e ao mesmo tempo deixa reinar a maior tranquilidade, então, nas trevas profundas, a partir do nada, aparece algo, isto é, a flor de ouro do grande Uno. Neste momento, a luz consciente distingue-se da luz do ser. Por isso diz-se: "O mover-se através do estímulo das coisas exteriores faz com que a força vá para fora, no sentido direto, gerando um ser humano: esta é a luz consciente". No momento em que a verdadeira força já se concentrou suficientemente, e o discípulo não a deixa escapar para fora, no sentido direto, mas a torna reversiva, isto é a luz da vida; deve-se empregar o método de girar a roda de água. Quando a giramos constantemente, a verdadeira força se dirige, gota a gota, para a raiz. Então a roda de água para, o corpo está puro, a força, renovada. Uma rotação única significa uma revolução do céu, aquilo que mestre Kiu chama de uma pequena revolução do céu. Quando não esperamos a concentração suficiente da força e a usamos, ela ainda é demasiado tenra e fraca e o elixir não se forma. Se a força existir e não a usarmos, ela se torna demasiado velha e rígida e o elixir da vida também dificilmente se forma. Quando ela não for nem muito velha, nem tenra, e a utilizarmos com a intenção orientada para a meta, então é o tempo correto. É isto que Buda indica ao dizer: "A manifestação desemboca no vazio". Isto é a sublimação da semente na força. Quando o discípulo não entende este princípio e deixa escapar a força de forma direta, ela se transforma em semente; é disto que se trata quando se diz: "O vazio desemboca na manifestação". Mas todo homem que se une corporalmente a uma mulher, primeiro sente prazer e depois, amargura; quando a semente escorreu, o corpo se sente cansado e o espírito, abatido. Algo bem diverso ocorre quando o adepto permite que o espírito e a força se unam. Isto dá primeiro pureza e depois frescor; quando a semente transmuta, o corpo se sente bem e livre. A tradição diz que mestre Pong atingiu a idade de 880 anos, usando servas jovens para alimentar sua vida; mas isto é um equívoco. Na realidade, ele utilizou o método da sublimação de espírito e força. Nos elixires de vida, frequentemente, são empregados símbolos: o fogo do aderente é muitas vezes comparado à noiva e a água do abissal, ao adolescente (puer aeternus)*; daí o equívoco de que mestre Pong tenha substituído sua virilidade pelo feminino. Tais erros aparecem numa época mais tardia.*

Os adeptos, porém, podem utilizar o meio de inverter o abissal e o aderente, só quando concentraram realmente suas intenções no trabalho; senão, a mistura não será pura. A verdadeira intenção depende da terra, a cor da terra é amarela e por isso é simbolizada nos livros do elixir da vida pelo germe amarelo. No momento em que o abissal e o aderente se unem, aparece a flor de ouro e a cor do ouro é branca; por isso a neve branca é usada como símbolo. Mas as pessoas mundanas, que não compreendem as palavras secretas dos livros do elixir da vida, se enganaram no tocante ao amarelo e ao branco, que consideravam como um meio de transformar pedras em ouro. Não é uma tolice?

Um velho adepto dizia: "Antigamente todas as escolas conheciam esta joia, só os tolos não o compreendiam totalmente". Se refletirmos sobre isso, reconheceremos que os antigos, na realidade, alcançavam a longevidade com a ajuda da força-semente de seu próprio corpo, e não prolongavam sua vida, engolindo qualquer espécie de elixir. As pessoas mundanas, porém, perderam a raiz e se agarraram às copas. O livro do elixir acrescenta: "Se o homem correto (mago branco) usar o meio errado, o meio errado atuará de um modo correto". – Com isso indica-se a transformação da semente em força. – "No entanto, se o homem errado usar o meio correto, o meio correto atuará de modo errado". – Com isso, é indicada a união corporal do homem e da mulher, mediante a qual nascem filhos e filhas. O tolo desperdiça a joia mais preciosa de seu corpo em prazer descontrolado e não sabe preservar sua força-semente. Quando esta se acaba, o corpo perece. Os santos e sábios não têm outra forma de cultivar sua vida, a não ser aniquilando os prazeres e preservando a semente. A semente acumulada transforma-se em força e quando esta é suficiente e abundante, gera o forte corpo criativo. A diferença entre eles e o homem comum reside apenas no emprego do caminho direto ou reversivo.

O sentido fundamental desta seção tem a finalidade de esclarecer o discípulo sobre o método do encher de óleo ao encontrar a vida. O principal são os dois olhos. Ambos constituem o ponto de apoio da estrela polar. Assim como o céu gira em torno da estrela polar, como centro, do mesmo modo, a boa intenção deve ser o Senhor do homem. Por isso, a consumação do elixir da vida repousa inteiramente na harmonização da intenção correta. Ao falarmos, então, na possibilidade de serem lançados os alicerces dentro de cem dias, é preciso levar em conta, antes de mais nada, o grau de aplicação ao trabalho e o grau de força da constituição corporal. Quem trabalhar com zelo e tiver uma constituição forte, conseguirá girar mais rapidamente a roda de água do rio posterior. Quem tiver achado o método de harmonizar pensamentos e força, poderá consumar o elixir dentro de uma centena de dias. Quem for frágil e preguiçoso, nem depois de cem dias poderá produzi-lo. Uma vez consumado o elixir, espírito e força estão puros e claros, o coração está vazio, o ser, manifesto, e a luz da consciência se transforma na luz do ser. Se mantivermos firmemente a luz do ser, o abissal e o aderente entrarão em relação por si mesmos. Quando o abissal e o aderente se misturam, entra em gestação o fruto sagrado. A maturação do fruto sagrado é o efeito de uma grande revolução do céu. As considerações posteriores não são tratadas pelo método da revolução do céu.

Este livro versa sobre os meios de como cultivar a vida, mostrando primeiro o modo pelo qual se põe mãos à obra, olhando para o dorso do nariz; aqui é indicado o método do inverter; os métodos da consolidação e do desprender-se se encontram em outra obra, no Sü Ming Fang *(método de prosseguir a vida).*

Hui Ming Ging o livro da consciência e da vida
Liu Hua Yang

I. Como deter as efluxões

Se quiseres completar o corpo diamantino sem efluxões,
Deves aquecer diligentemente a raiz da consciência e da vida.
Deves iluminar a terra bem-aventurada e sempre vizinha
E nela deixar sempre escondido teu verdadeiro eu.

(A ilustração que aqui figura no texto chinês, representa um tronco humano. No meio do corpo, em sua metade inferior, está desenhada uma vesícula germinal, através da qual o portal da vida se separa do portal da consciência. Entre eles, um canal se abre para fora, através do qual efluem as seivas da vida.)

O segredo mais sutil do Tao consiste no ser e na vida (sing-ming). O melhor meio de cultivar e fundir ser e vida é reconduzi-los à unidade. Os santos da antiguidade e os sábios eminentes indicavam o pensamento da reunificação de ser e vida mediante imagens do mundo exterior; eles temiam falar livremente acerca disso, sem usar alegorias. Por esse motivo, perdeu-se na terra o segredo de como cultivar simultaneamente a ambos. O que mostrarei pelas imagens que se sucedem não é uma revelação leviana de segredos. Reuni as anotações do *Long Yen Ging* sobre o modo de deter as efluxões e os pensamentos secretos do *Hua Yen Ging*, com alusões oportunas aos sutras restantes, a fim de condensá-los nesta ilustração autêntica; assim se compreende que consciência e vida nada são fora da vesícula germinal. Desenhei esta imagem para que os companheiros e aspirantes da mesma meta reconheçam o mecanismo celeste do duplo cultivo; deste modo, a verdadeira semente poderá amadurecer, cessam as efluxões e o *schêli*[1] sai fundido, realizando-se então o grande Tao.

Esta vesícula germinal, no entanto, é uma caverna invisível, sem forma, nem imagem. Quando o alento vital se agita, surge o germe dessa vesícula; quando o alento cessa, ela desaparece de novo. Ela é o lugar que abriga a verdade, o altar sobre o qual se produzem consciência e vida. Ela é chamada: o castelo do dragão no fundo do mar, o domínio limítrofe das montanhas de neve, o oeste, o desfiladeiro originário, o reino da maior alegria, o país sem fronteiras. Todos estes nomes, tão diversos, descrevem a vesícula germinal. Se um agonizante não conhecer este lugar germinal não encontrará a unidade de consciência e vida, em mil nascimentos ou em dez mil éons.

Este ponto germinal é algo de grandioso. Antes de nosso corpo ter nascido dos pais, no momento da concepção, esse ponto é gerado em primeiro lugar, e ser e vida nele habitam. Ambos estão misturados, formando uma unidade: inseparavelmente misturados como a semente-fogo no crisol, espécie de conexão da harmonia originária e do código celeste. Por isso se diz: "No estado anterior à manifestação, há um alento inesgotável". Mais adiante se diz: "Antes que os pais gerassem a criança, o alento vital é pleno e o fruto corpóreo perfeito". Mas quando o corpo se move e dilacera a vesícula do fruto, é como quando se perde o chão sob os pés no alto da montanha: com um grito, o homem se precipita sobre a terra, e ser e vida se dividem a partir desse momento. Daí em diante, o ser não pode mais ver a vida, nem a vida, o ser. Então, o destino começa seu curso: da juventude se passa à maturidade, da maturidade à velhice e da velhice ao ai de mim.

Por isso, o Julai[2], em sua grande misericórdia, revelou o segredo da produção e da fusão. Ele ensina aos homens a entrar de novo no

---

1. S'arêa, o corpo estável, isto é, imortal. Cf. p. 37.
2. Tathâgata.

ventre materno, criando novamente o ser e a vida do eu; mostra como espírito e alma (alento vital) entram nessa vesícula germinal, como devem juntar-se numa unidade, a fim de consumar-se plenamente o verdadeiro fruto; foi exatamente assim que o líquido seminal e a alma[3] de pai e mãe entraram nessa vesícula e se juntaram numa unidade, a fim de consumar plenamente o fruto corpóreo. O princípio é o mesmo.

No interior da vesícula germinal está o fogo do Soberano, na entrada da vesícula germinal está o fogo dos ministros, no corpo inteiro, o fogo do povo. Quando o fogo do Soberano se exterioriza, é recebido pelo fogo dos ministros. Quando o fogo dos ministros se move, o fogo do povo o segue. Quando os três fogos se exteriorizam nessa sequência, nasce um ser humano. No entanto, se os três fogos retornam na sequência inversa, nasce o Tao.

Por isso, todos os sábios iniciaram seu trabalho pela vesícula germinal, na qual cessa a efluxão. Quando não se estabelece esta senda, mas outras coisas em seu lugar, tudo é inútil. Por isso, todas as escolas e seitas que ignoram estar na vesícula germinal o princípio soberano de consciência e vida, procurando-o fora, não conseguem encontrá-lo, apesar de todos os seus esforços.

II. As seis fases do movimento circular da luz segundo o código

Quando se distingue o caminho inicial de Buda,
Aparecerá a cidade sagrada do ocidente.
Depois do movimento circular segundo o código, pela aspiração muda-se o rumo para o céu.
Ao ser expirado o alento, a força dirige-se para a terra.
Um período de tempo é constituído de seis fases.
Durante duas fases se concentra Moni (Sakyamuni).
O grande Tao sai do centro. Não busques fora o germe originário!

---

3. Dsing, a semente, é o procriador masculino, Ki (alma, força do alento) é o receptivo feminino.

A mais sublime atuação do Tao é o movimento circular segundo o código.
O que torna o movimento inesgotável é o trilho.
O que melhor regula a velocidade são os ritmos (kui).
O que melhor determina o número dos exercícios, é o método das fases (hou).

Esta exposição contém a lei completa, e o verdadeiro aspecto daquele que vem do ocidente (Buda) está nela contido. Os segredos nela contidos mostram como controlar o processo mediante a expiração e a aspiração, como a troca do diminuir e aumentar se manifesta no fechar e abrir, como são necessários os verdadeiros pensamentos para não desviar-se do caminho e como a firme delimitação dos domínios possibilita começar e terminar no tempo exato.

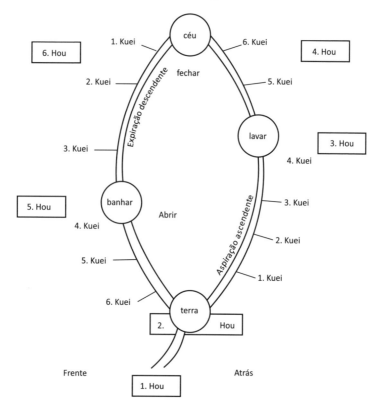

Observação do editor

Nesta figura encontra-se a indicação do movimento circular das correntes de força, durante o movimento respiratório. Na respiração habitual, o aspirar está ligado a um abaixamento ou contração do abdome e a expiração a uma elevação do mesmo; nestes exercícios, trata-se de um movimento reversivo, de maneira que ao aspirar se abre o portal inferior da força, deixando-a ascender ao longo da linha de força posterior (na medula espinal), e isso de acordo com os períodos indicados no desenho. Ao expirar, fecha-se o portal superior, deixando as correntes de força fluir para baixo, ao longo da linha anterior, também na ordem dos períodos indicados; observe-se igualmente que os estágios correspondentes ao "lavar" e "banhar-se" não ficam exatamente no meio das linhas; o "lavar" fica um pouco acima, e o "banhar-se" um pouco abaixo, tal como se vê no desenho.

Eu me sacrifico e sirvo aos homens, apresentando-lhes esta ilustração completa, a qual revela os germes celestes, de modo que todo leigo e homem mundano possa alcançá-los e levá-los à plena consumação. Mas quem não tiver as condições necessárias, poderá encontrar algo, porém, o céu não lhe concederá o seu Tao. Por quê? As condições interiores necessárias pertencem ao Tao como uma asa de pássaro à outra; faltando uma, a outra nada poderá fazer. Por isso, são necessárias fidelidade e veneração, bondade e justiça e uma obediência pura aos cinco mandamentos[4]; somente depois podemos ter a esperança de alcançar algo. Mas todas as sutilezas e todos os segredos são apresentados neste Livro da Consciência e da Vida, como objeto de meditação e reflexão, de modo que tudo possa ser alcançado em sua verdade.

III. As duas linhas de força da função e do controle

Aparece o caminho do aumentar e do diminuir da fronteira originária.
Não esqueças o trilho branco sob o movimento circular da luz segundo o código!

---

4. Os cinco mandamentos budistas são: 1) não matar; 2) não roubar; 3) não cometer adultério; 4) não mentir; 5) não beber, nem comer carne.

Permite que o fogo alimente sempre a caverna da vida eterna!
Ah, experimenta a fronteira imortal da luminosa pérola!

Neste lugar do texto há uma ilustração que se assemelha muito à primeira. A ilustração representa novamente os trilhos da força, sendo que o anterior é descendente e designado como trilho da função (jen) e o posterior, ascendente, é designado como trilho do controle (du).

Esta ilustração, na realidade, é igual às anteriores; o motivo pelo qual é mostrada de novo se endereça àqueles que se esforçam por cultivar o Tao, a fim de que reconheçam no próprio corpo um movimento circular segundo o código. Por isso, eu recorri a essa ilustração para esclarecer aos companheiros da mesma meta. Quando se consegue pôr em contato permanente os dois trilhos (o da função e o do controle), todos os trilhos da força entram em conexão. O veado adormece com o focinho na cauda a fim de fechar seu trilho de força do controle. O grou e a tartaruga fecham seu trilho da função. Por isso, talvez, esses três animais têm uma longevidade de mil anos. Como poderia ser maior a longevidade do homem! Um homem que cultiva a prática do Tao e consegue estabelecer o movimento circular segundo o código, permitindo que consciência e vida circulem, não deve temer que sua vida não se prolongue, nem que falhe em levar à perfeição seu trilho.

IV. O embrião do Tao

Segundo a lei, mas sem esforço, devemos iluminar-nos por dentro com toda diligência.
Esquecendo a forma exterior, olha para dentro e auxilia o verdadeiro poder do espírito!
Durante dez meses o embrião do Tao fica sob o fogo.
Depois de um ano as abluções e banhos acham-se aquecidos.

Esta ilustração consta da edição original do *Long Yen Ging*. Mas os monges incultos, que desconheciam o sentido secreto e nada sabiam do embrião do Tao, cometeram o erro de suprimir esta ilustração. Só depois de haver sido esclarecido por adeptos, tomei conhecimento de que o Julai (Tathâgata) conhece o verdadeiro trabalho sobre o embrião do Tao. Esse embrião não é algo corporalmente visível, que poderia ser aperfeiçoado por outros, mas é na realidade a força do alento espiritual do eu. Primeiro, o espírito precisa penetrar na força do alento (alma), depois a força do alento envolve o espírito. Quando espírito e força do alento estão firmemente unidos, e os pensamentos tranquilos e imóveis, a isto se dá o nome de embrião; a força do alento deve cristalizar-se e só depois o espírito torna-se capaz de ação. Por isso, diz-se no *Long Yen Ging*: "Preserve-se de um modo maternal o despertar e o responder". As duas forças alimentam-se e se fortalecem mutuamente. Por isso diz-se:

"Um crescimento diário se processa". Quando a força é suficientemente forte e o embrião, redondo e pleno, ele sai do topo da cabeça. É isto que se chama a forma plenamente consumada, que sobressai como embrião, gerando-se a si mesmo como filho de Buda.

V. O nascimento do fruto

Fora do corpo há um corpo que se chama a imagem de Buda.
O pensamento que é poderoso, a ausência de pensamentos é Bodhi.
A flor de lótus de mil pétalas desabrocha, transformada pela força do alento.
Um brilho mil vezes desdobrado cintila através da cristalização do espírito.

Lemos no *Long Yen Dschou*: "Naquele tempo o Senhor do mundo fez emanar um brilho cem vezes precioso do seu coque de cabelos.

Em meio ao brilho, luzia a preciosa flor de lótus de mil pétalas. E lá estava um Julai transmudado, sentado no meio da flor preciosa, e do alto de sua cabeça emanavam dez raios de luz branca e maravilhosa, visíveis a toda volta. A multidão olhava para a luz irradiante, e o Julai anunciava: 'A palavra mágica e divina é o aparecimento do espírito luminoso, por isso, seu nome é: filho de Buda'".

Quando não se compreende o ensinamento da consciência e da vida, recitando-se apenas seca e isoladamente as fórmulas da meditação, como seria possível deixar o Julai surgir do próprio corpo aparecendo radioso, sentado na magnífica flor de lótus, em seu corpo espiritual?! Muitos dizem ser o espírito da luz um ensinamento diminuto, mas como pode um ensinamento do Senhor do mundo ser diminuto? Revelei agora, com estas palavras, o mais profundo segredo do *Long Yen*, a fim de ensinar aos futuros discípulos. Quem compreender este caminho, elevar-se-á imediatamente até o segredo obscuro e não submergirá mais na poeira do cotidiano.

VI. Como formar o corpo transmudado

Todo pensamento parcial se configura e se torna visível em cor e forma.
A força anímica total desdobra suas marcas e se transforma no vazio.
Saindo do ser e entrando no não ser se consuma o maravilhoso Tao.
Todas as formas divididas aparecem como corpos, ligados a uma verdadeira fonte.

VII. O rosto voltado para a parede

As formas configuradas através do fogo-espírito são meras cores e formas.

A luz do ser brilha de volta para o originário, o verdadeiro.

O sinal impresso do coração paira no espaço, brilha puro o luar.

A canoa da vida chegou à margem, clara cintila a luz do sol.

VIII. A infinitude vazia

Sem começo, sem fim,
Sem passado, sem futuro.
Um clarão de luz circunda o mundo do espírito.
Esquecemo-nos uns dos outros, puros, silenciosos, vazios e onipotentes.
O vazio é atravessado pelo brilho do coração celeste.
Lisa é a água do mar e a lua se espelha em sua superfície.
Apagam-se as nuvens no espaço azul; lúcidas, cintilam as montanhas.
A consciência se dissolve em contemplação.
Solitário, repousa o disco da lua.

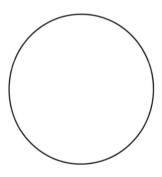

Conecte-se conosco:

 facebook.com/editoravozes

 @editoravozes

 @editora_vozes

 youtube.com/editoravozes

+55 24 2233-9033

www.vozes.com.br

Conheça nossas lojas:

www.livrariavozes.com.br

Belo Horizonte – Brasília – Campinas – Cuiabá – Curitiba
Fortaleza – Juiz de Fora – Petrópolis – Recife – São Paulo

EDITORA VOZES LTDA.
Rua Frei Luís, 100 – Centro – Cep 25689-900 – Petrópolis, RJ
Tel.: (24) 2233-9000 – E-mail: vendas@vozes.com.br